Georg M. Küffner

Die Deutschen im Sprichwort

Ein Beitrag zur Kulturgeschichte

Georg M. Küffner

Die Deutschen im Sprichwort
Ein Beitrag zur Kulturgeschichte

ISBN/EAN: 9783743665439

Hergestellt in Europa, USA, Kanada, Australien, Japan

Cover: Foto ©Thomas Meinert / pixelio.de

Weitere Bücher finden Sie auf **www.hansebooks.com**

Die Deutschen ⚜ ⚜
⚜ im Sprichwort

Ein Beitrag zur Kulturgeschichte

von

Dr. Georg M. Küffner

Heidelberg
Carl Winter's Universitätsbuchhandlung
1899

Der Gedanke zu diesem im Dezember 1895 begonnenen Werkchen entstand bei mehrjähriger Beschäftigung mit Sprichwörterkunde. Ich dachte mir, es dürfte nicht ohne Reiz sein, den Versuch zu einem «blason populaire de l'Allemagne» zu wagen, wie ihn Gaidoz und Sébillot so gelungen für Frankreich ausgeführt haben. Meine Arbeit wurde sehr erschwert dadurch, daß ich früher in Kaiserslautern und jetzt hier keine Bibliotheken am Orte zur Verfügung hatte und mir daher alle Bücher von auswärts, von Straßburg und München, schicken lassen mußte. Hier sage ich für freundliche Unterstützung den Vorständen der Universitäts- und Landesbibliothek zu Straßburg und der Hof- und Staatsbibliothek zu München herzlichsten Dank. Ebenso danke ich einigen verehrten auswärtigen Personen für mir gütigst brieflich zugesandte Sprichwörter bestens; es sind dies: Fräulein O. Eisenstädter in Szegedin, die Herren J. Bause in Heiligenstadt, S. Mielck in Elbing, H. Vongehr in Colbienen, und Fräulein J. Marchi in Florenz.

Leider muß ich darüber klagen, daß viele Sprichwörtersammlungen keine Sprichwörter enthalten, die sich auf deutsches Volk und deutsche Stämme beziehen; denn während, wie aus dem Quellenverzeichnis ersichtlich ist, 77 Werke mit 104 Bänden eine Ausbeute ergaben, fand sich in weiteren 104 Bänden der dort angegebenen Zeit-

schriften nichts; außerdem habe ich noch weitere 59 Werke mit 82 Bänden erfolglos durchgearbeitet, und 52 andere Werke waren in Straßburg oder München nicht vorhanden.

Wenn ich nun gestehe, daß meine mir angelegte Liste von Werken über Sprichwörter noch 174 unbenutzte Nummern enthält, so könnte man mir vorwerfen, ich hätte meine Arbeit auf ungenügender Grundlage aufgebaut. Allein ich bin der Überzeugung, daß die von mir benützten Quellen genügen, ein Bild von dem zu geben, was ich beabsichtigte, nämlich ein «popular estimate» unseres Volkes und seiner einzelnen Stämme. Kaum ein Zug in diesem Bilde dürfte fehlen!

Was die von mir gegebenen Sprichwörter betrifft, so ist zuzugeben, daß manche unter dem Eindrucke politischer Ereignisse entstanden sind, daß manche nur Eingebungen des Hasses oder Spottes sind und deshalb in bezug auf ihre Giltigkeit recht vorsichtig geprüft werden müssen. Gleichwohl können sie uns Deutschen gewissermaßen als eine Art Spiegel dienen, der unsere Umrisse, wenn auch manchmal verzerrt, wiedergibt.

Ludwigshafen a. Rh., Oktober 1898.

Der Verfasser.

I.
Die Deutschen im Sprichwort als Gesamtvolk.

A. Günstiges.

1. Körperschönheit.

Die Schönheit der Deutschen rühmt ein altfranzösisches Sprichwort im Dit de l'Apostoile aus dem XIII. Jahrhundert:
1. Li plus bel home en Alemaigne.

Lincy I, 279, 8; Gaidoz 324, 2.*)

2. Lustigkeit, Fröhlichkeit.

Daß der Deutsche kein Kopfhänger ist, drückt das deutsche Sprichwort aus:
2. Der Deutsche singt nicht gern im „Moll".

Briefliche Mitteilung 1897.

3. Offenheit, lautere Gesinnung, Aufrichtigkeit, Ehrlichkeit, Treue.

Von der deutschen Biederheit und Redlichkeit wissen die Sprichwörter besonders viel zu erzählen. Thiuda, gotisch, ahd. diot, mhd. diet, hatte den Sinn von „Volk"; davon ist abgeleitet das Eigenschaftswort ahd. diutisc, mhd. diutisch „deutsch", eigentlich „volkstümlich, verständlich". Daher entwickelte sich die Bedeutung von „deutsch reden" = offen, verständlich reden. Diese ging weiter in

---

*) Anmerkung. Bei den Quellenangaben im Texte bezeichnet die erste arabische Zahl die Seite, die zweite die Zeile des betreffenden Buches.

die Bedeutung über von „gerade, wahr, freimütig, ohne Umschweife reden", und bald wurde auch noch die Nebenbedeutung „kurz, derb, ehrlich, aber grob" hineingelegt. Dieselbe Bedeutungsentwicklung hat auch das französische parler français durchgemacht. Ich führe einen der ältesten Belege für die sprichwörtliche Redensart zuerst an und bringe dann verschiedene neuere Formen:

3a. Es solt aber bei vns Teutschen vor andern diß vnser eygen sprichwort ganghafft im brauch sein: Nemlich Es ist guot teutsch, das ist, rundt lautter vnd guot teutsch geredt, ...
              Franck II, Blatt 12a, 9.

3b. Deutsch sprechen.
              Kriegk 102, 31; Hetzel 73, 7.

3c. Auf gut deutsch.
              Kriegk 102, 31.

3d. Deutsch reden.
              Körte 65, 45; Wick 59, 56; Hetzel 73, 7.

3e. Mit einem deutsch reden.
              Frischbier I, 44, 33; Borchardt 104, 9.

3f. Ditsch geredt.
              Ratgeber 15, 21.

3g. Einem etwas deutsch heraussagen.
              Trenkler 196, 18.

3h. Das war einmal deutsch gesagt.
              Hetzel 73, 7.

3i. Deutsch von der Leber weg reden.
              Hetzel 73, 8.

4. Deutsch verstehen.
              Wick 59, 56.

Hieran schließt sich an mit der Bedeutung „dumm sein":

5. Nicht deutsch verstehen.
              Hetzel 73, 10.

Letztere Redensart kann aber auch den Sinn haben, daß man absichtlich etwas nicht verstehen will.

„Verständlich, klar, aufrichtig", aber auch „grob, derb" bedeutet:

6. Deutsch und gut.
              Simrock 70, 50; Körte 65, 41; Reinsberg I, 59, 8.

Ehrlichkeit im Thun und Lassen zeigt an:
7. Deutsch handeln,
Kriegk 102, 51.

Das Aufrichtige und zugleich Grobe wird ausgedrückt durch „ein rechter Deutscher", westfälisch:
8. 'ne rechten Duitsken.
Regenhardt I, 7, 5.

Eine trübe Auffassung lesen wir aber schon in einer Sammlung von 1616:
9. Gerecht vnd freundtlich, redlich, fromm,
Da hertz vnd mund vberein kommt,
Die Deutschen weiland sind gewesen,
Jetzt kan für falschen niemand genesen.
Henischius, Spalte 684, 3. 64.

Ganz anders klingt dagegen:
10. Deutscher Mann, Ehrenmann,
Simrock 70, 18; Reinsberg I, 58, 7.

und:

11. Deutscher Sinn ist Ehrenpreis,
Deutsches Herz Vergißmeinnicht,
Deutsche Treue Augentrost.
Simrock 70, 25; Reinsberg I, 58, 8.

Ein ursprünglich von Hagedorn verfaßter Spruch ist zum Sprichwort geworden:
12. Der Jrrtum olim deutscher Treu'
Ist mit der alten Zeit vorbei!
Reinsberg I, 59, 25.

Dabei ist „olim" für Hagedorns „alter" gerade nicht als Verbesserung anzusehen.

Sicheres Vertrauen auf den Deutschen flößen wieder ein:
13. Deutsche Hand — sicheres Pfand,
Reinsberg II, 122, 2.

und:

14. Deutsche Treu' sich bei deutschem Handschlag findet.
Reinsberg II, 122, 4.

Deutsche Treue soll schon in der Jugend erstehen:
15. Verpflanz' auf deine Jugend
Die deutsche Treu und Tugend
Zugleich mit deutschem Wort.
Briefliche Mitteilung 1897.

Die Ehrlichkeit des Deutschen und seine religiöse Festigkeit wird neben anderen guten Eigenschaften hervorgehoben in:
16. Deutsche Freiheit, deutscher Gott,
Deutscher Glaube ohne Spott,
Deutsches Herz und deutscher Stahl
Sind vier Helden allzumal.
Briefliche Mitteilung 1897.

Deutsche Treue und Festigkeit kommt zum Ausdruck in:
17. Treu und standhaft
Machen deutsche Verwandschaft.
[!o!] Witz 154, 3.

Unbewußte Wortdeutung des Volkes, die hier das Richtige trifft, verrät sich in:
18. Das beste Deutsch ist, das von Herzen geht.
Simrock 71, 1.

Gemütlich, anheimelnd lautet die Verteidigung der eigenen Derbheit:
19. Wir Deutsche haben viel grobe Sprichwörter, aber gute Meinung.
Simrock 462, 3.

Auch im Kampfe waltet deutsche Ehrlichkeit:
20. Die Deutschen kriegen mit Eisen, nicht mit Gold.
Simrock 70, 24; Reinsberg I, 58, 16.

Da der Deutsche selbst so treu ist, auch im Glauben, und gegen Gott, so ist er überzeugt, daß Gott auch treu gegen ihn sein und ihn nicht verlassen werde in der Not:
21a. Gott läßt keinen Deutschen verderben.
Simrock 70, 19; Reinsberg I, 58, 18.

21b. Gott verläßt keinen Deutschen.
Hetzel 73, 15; 117, 11.

Die Westfalen haben dies mit einem einschränkenden Zusatz versehen:

21c. Unser Herrgott verläßt keinen Deutschen — wenn er nur ein bißchen Latein versteht.
Reinsberg I, 58, 27.

Ich schließe diesen Abschnitt mit einem Sprichworte über die Frauen:

22. Die Weiber der Deutschen lieben mit dem Herzen, die der Franzosen mit dem Verstande, die der Engländer mit dem Geiste, die der Italiener mit dem Leibe, die der Spanier mit dem Leib und den [so!] Herzen zugleich, und die der Russen zum Vergnügen.
Reinsberg II, 117, 3.

4. Beständigkeit, Geduld, Langmut, Ausharren, Genügsamkeit.

Deutsches Beharrungsvermögen und Festhalten am Alten drückt der Nordamerikaner aus durch die Bezeichnung:

23. Deutsches Phlegma (German phlegm),
Kriegk 103, 22.

Der Deutsche selbst drückt seine große Geduld aus im Sprichwort:

24. Der Deutsche ist schwer in Harnisch zu bringen, aber noch schwerer wieder heraus.
Körte 66, 5.

Von der großen Genügsamkeit und Geduld des Deutschen sagt der Ruthene:

25. Den Deutschen bringt nichts auf, wenn er nur Kartoffeln hat und Tabak rauchen kann;
Reinsberg I, 15, 29.

Ähnlich drückt sich auch der Pole aus:

26. Was der Pole an einem Tage vertrinkt, macht oft die ganze Habe eines Deutschen aus.
Reinsberg II, 56, 26.

Hierin kann allerdings auch der Vorwurf der Armut liegen.

Ausharren und Redlichkeit vereint sich im deutschen Sprichwort:

27. Das deutsche Herz verzaget nicht, es thut, was sein Gewissen spricht.
Briefliche Mitteilung 1897.

5. Tapferkeit, Furchtlosigkeit.

Die Kriegstüchtigkeit und Tapferkeit der Deutschen ist zu bekannt, als daß ich darüber viel zu schreiben bräuchte. Auch das Sprichwort feiert sie. Etwas scherzhaft, aber wahr:

28. Alle Feinde besiegt der Deutsche, doch den Durst besiegt er nicht.

Padberg 20, 16.

Geradezu Unglück bringt ein Krieg mit uns:

29 a. Wer im Krieg will Unglück han,
Fang es mit den Deutschen an.

Simrock 70, 22; Körte 269, 41; Reinsberg I, 58, 15;
Briefliche Mitteilung 1897.

29 b. Wer sich wohl bewahrt will han,
Der bind nicht mit den Deutschen an!

Schrader 412, 5.

Den schlachtbewährten, kampferprobten Soldaten bezeichnet:

30. Ein alter deutscher Degenknopf.

Trenkler 14, 26.

Ein mehr geschichtliches, veraltetes Sprichwort ist das schwäbische:

31. Der Franzos regt sich,
Der Deutsch deckt sich.

Birlinger 124, 22.

Ein Ausspruch Bismarcks in der Reichstagssitzung vom 6. Februar 1888 ist zum Sprichwort geworden:

32. Wir Deutschen fürchten Gott, aber sonst nichts in der Welt.

Hetzel 73, 16; Briefliche Mitteilung 1897.

Nichts als ein Wortspiel mit „einnehmen" und „übergeben", noch dazu ein geschmackloses, ist:

33. Sonderbar! die Deutschen **nehmen ein**, und die Franzosen **übergeben sich**.

Hetzel 522, 25.

6. Geschicklichkeit, Arbeitsamkeit, Gewerbfleiß.

Die große Handfertigkeit und Geschicklichkeit der Deutschen wird uns bezeugt durch das gleichlautende Sprichwort dreier Völker, der Franzosen, Engländer und Italiener. Das französische stammt

aus dem Anfange des XVII. Jahrhunderts, das englische befindet sich schon in Herberts Outlandish Proverbs, 1640. Gaidoz, der sonst ganz deutschfreundlich ist, will die Bedeutung hineinlegen, wir seien plünderungssüchtig (pillards)!

Das Sprichwort lautet:

34a. Les Allemands ont l'entendement ès (—) mains.

Lincy I, 279, 12; Gaidoz 323, 26.

34b. The German's wit is in his fingers.

Hazlitt 383, 32.

Übersetzung des Englischen:

34c. Der Deutsche hat seinen Witz in den Fingern.

Körte 65, 50; Reinsberg I, 19, 26.

34d. I Tedeschi hanno l'ingegno nello mano.

Briefliche Mitteilung 1898 und Körte 65, 52.

Der Tscheche und der Pole sagen:

35a. Was der Italiener aussinnt, verfertigt der Franzose, der Deutsche verkauft es, der einfältige Pole kauft es, und der Russe raubt es ihm.

Reinsberg I, 7, 55.

35b. Ce que l'Italien invente, le Français le fabrique, l'Allemand le vend, le Polonais l'achète, le Russe le pille.

Gaidoz 7, 9.

Ferner sagt der Pole:

36. Einen Italiener zum Doktor, einen Deutschen zum Kaufmann und einen Polen zum Hetman (oder Heerführer).

Reinsberg I, 8, 4.

Die „unablässige Arbeitsamkeit" der Deutschen bezeichnet der Nordamerikaner durch den Ausdruck:

37. Deutsche Bären

Kriegk 95, 14.

Hochgerühmt wird:

38. Deutscher Fleiß.

Kriegk 103, 18.

Ferner sagt der Nordamerikaner:

39a. A German grows rich on a farm on which a Yankee would starve,

Kriegk 105, 20.

39b. Ein Deutscher wird reich, wo ein Amerikaner verdirbt

Kriegk 105, 19.

Der Deutsche selbst sagt:

40. Was macht der Deutsche nicht fürs Geld?

Simrock 71, 4; Körte 65, 48;
Reinsberg I, 60, 14; Trenkler 14, 29.

Die Deutschen sind kenntnisreicher, als sie selbst es zu sagen verstehen, sagt der Italiener:

41. I Tedeschi intendono più che non sanno esprimere.

Briefliche Mitteilung 1898 und Körte 66, 1.

In der romanischen Schweiz steht die Tanzkunst deutscher Frauen in hohem Ansehen. Dort heißt es:

42. Valser comme une Allemande.

Gaidoz 324, 5.

7. Klugheit.

Des Deutschen Klugheit erkennen an Nordfranzosen, Südfranzosen, Polen, Engländer und Italiener. Das nordfranzösische Sprichwort findet sich bereits in den Commentaires de l'estat de la religion et République, etc., 1565:

43a. L'Italien est sage devant la main, l'Allemand sur le fait, (et) le Français après le coup.

Lincy I, 290, 20; Gaidoz 4, 18; 322, 7.

Übersetzt:

43b. Der Italiener ist weise vorher, der Deutsche bei der That und der Franzose nachher.

Reinsberg I, 5, 20.

43c. L'Italian es sage avan de faire una caua [= chose], lou Tedesc coura la fa e lou Fransés coura [= wenn] l'à [= a] facea [= faite].

Toselli 185, 8; Gaidoz 4, 23.

Der Pole:

43d. Der Italiener (ist weise) vor dem Schaden, der Deutsche im Schaden, der Pole kömmt erst nach dem Schaden zu sich.
Reinsberg I, 5, 35.

43e. The Italian is wise before he undertakes a thing, the German while he is doing it, and the Frenchman when it is over.
Hazlitt 388, 5; Bohn 508, 11; Gaidoz 5, 1.

43f. L'Italiano è saggio prima di fare una cosa, il Tedesco quando la fa e il Francese quando è bell' e fatta.
Briefliche Mitteilung 1898 und Gaidoz 4, 20.

Die Klugheit und Anstelligkeit des Deutschen erkennt der Russe an in folgenden zwei Sprichwörtern:

44a. Nemezkaja dewuschka ne moshet goworitj, no ponimaet wssje.
Briefliche Mitteilung 1897.

Übersetzt:

44b. Das deutsche Mädchen kann nicht sprechen, aber versteht Alles.
Reinsberg I, 14, 6.

45a. Nemez wijdet podobno iwe wesde protsch, kuda ti ego tolko possadisch.
Briefliche Mitteilung 1897.

45b. Der Deutsche kommt gleich einer Weide überall fort, wohin du ihn setzest.
Reinsberg I, 14, 8.

Der Pole behauptet, nicht einmal im Schlafe verlasse Klugheit und Glück den Deutschen:

46. Der Deutsche, selbst ohne Scharfsinn, fällt nicht von der Bank herab.
Reinsberg I, 14, 20.

Daß er überall die rechte Mitte einzuhalten wisse, wird ausgedrückt durch:

47. Nicht zu starr und nicht zu zart,
Ist so deutscher Schlag und Art.
Simrock 70, 28; Reinsberg I, 58, 11;
sowie briefliche Mitteilung 1897.

8. Bildung, Gelehrtheit.

Gelehrtheit und Bildung der Deutschen bringen die beiden folgenden Sprichwörter zum Ausdruck.

Der Galizier sagt:

48. Eine Frau wirst du nie durch Lieben, den Deutschen nie durch Schreiben übertreffen.

Reinsberg I, 12, 7.

Der Franzose:

49. Faire un livre «à l'allemande».

Mélusine IV, Spalte 120, 39.

Dies hat die Bedeutung, „ein sehr gelehrtes Buch schreiben".

Sprichwörtlich ist im Deutschen geworden als Bezeichnung für uns selbst:

50. Das Volk der Dichter und Denker.

Hetzel 331, 45.

Zuerst gebraucht von Edward George Lytton Bulwer als Widmung eines seiner Romane?

9. Liebe zur Sprache.

Der Deutsche ist seiner Muttersprache sehr zugethan:

51. Wenn ich nicht das liebe Bißchen Deutsch könnte, so könnt' ich nichts.

Simrock 71, 2.

B. Ungünstiges.

Viel, ja sehr viel Ungünstiges, weiß das Sprichwort der Völker vom Deutschen zu sagen, wie es ja überhaupt menschliche Eigenschaft ist, eher das Unangenehme, Abstoßende vom Nebenmenschen anzuführen als die schönen Seiten. Wie bereits in der Einleitung gesagt, ist eben dieses Ungünstige oft nur mit dem bekannten Körnlein Salz zu nehmen; doch darf nicht geleugnet werden, daß manches, was im folgenden wiedergegeben wird, vollkommen zutrifft.

1. Viele Schwächen

hat der Deutsche an sich; darum sagt der Lette:
52. Man lobt einen Deutschen nicht, es geschehe denn mit Recht.

                                              Reinsberg I, 17, 16.

Der Deutsche selbst sagt im gleichen Gefühl seiner Schwächen:
53. Wir Deutschen sind halt Deutsche!

                                               Reinsberg I, 58, 24.

Ähnlich:
54. Wir Deutsche sind ganz eigne Käuze!

                                             Reinsberg I, 58, 26.

2. Dummheit, Einfältigkeit.

Im XVI. Jahrhundert gab es ein Sprichwort:
55. Ein teutscher Baccalaureus.

                     Franck II, Blatt 49b, 10; Alemannia VII, 30, 27.

Damit bezeichnete man einen groben, dummen Menschen.

Im XVII. Jahrhundert war das Sprichwort im Schwang:
56. Deutschland ist blind, vnnd manglet jhm an nichts, ohn am verstand, vnnd rechten brauch der gaben Gottes.

                                         Henischius, Spalte 684, 46.

In den slawischen Sprachen bezeichnet ursprünglich schon der Name des Deutschen einen dummen Menschen. Anfänglich ist es nämlich ein Spitzname und bedeutet wörtlich „stumm":

57a. Niemec.

                                                   Dobrowsky, 11, 15.

«Niemec» böhmisch von «njem», stumm.

57b. Niemiec.

                                      Dobrowsky 372, 30; Kriegk 94, 17.

«Niemiec» polnisch.

57c. Nemez.

                                         Briefliche Mitteilung 1897.

«Nemez» russisch.

Vergleiche Kriegk 95, 32; Reinsberg I, 11, 12; Wick 59, 12.

So heißt es bezeichnend denn im Russischen:
58a. Nemi nemzi sa garami, nema riba pod wodoi; nas she nagradil bog bogatim chlebom i neobchodimin jasikom.

                                            Briefliche Mitteilung 1897.

Übersetzt:
58b. Stumm sind die Deutschen hinter den Bergen, stumm die Fische unter dem Wasser; uns aber beschenkte Gott mit reichlichem Brot und einer angemessenen Sprache.
Reinsberg I, 11, 24.

Der Pole sagt:
59. Wie ein Deutscher, er versteht nicht vernünftiger Leute Wort.
Reinsberg I, 11, 19.

Die Holländer belegen uns mit dem schönen Namen:
60a. Moff.
Reinsberg II, 38, 21.
60b. Dickkopf.
Kriegk 96, 20.

Bei Dänen, Italienern und Franzosen ist der Name „Deutscher" so viel wie „Dummkopf":
61a. Tydsker.
Kriegk 94, 23.
61b. Tedesco.
Kriegk 88, 12.
61c. Allemand.
Kriegk 94, 20; Reinsberg I, 17, 24.

Die Litauer haben verschiedenes gegen uns vorzubringen. Einmal:
62. Ein blinder Deutscher.
Reinsberg I, 16, 19.

Dann:
63a. Sztay! Wokeetis jau taip iszmanas, kaip Leetuwiniks!
Frischbier I, 292, 17; Bezzenberger 5, 12,
der es schon in einer Schrift von 1795 gefunden hat. Übersetzt:
63b. O seht doch, der Deutsche will schon so klug sein wie der Litauer.
Reinsberg I, 16, 22; Frischbier I, 292, 16.
64a. Wokeetis zotag teek iszmanas kaip ir mees
Bezzenberger 55, 6.
64b. Der Deutsche wird bald so klug sein wie wir.
Frischbier II, 56, 5.

Die litauischen Formen habe ich einheitlich geschrieben nach Nesselmann.

Die alten preußischen Nadrauer sagten recht hübsch deutlich:
65. Er ist so dumm wie ein Deutscher.

Frischbier I, 44, 51.

Die Dummheit umschreibt der Franzose mit:
66. Bon sens allemand

Kriegk 107, 3.

Der Deutsche selbst sagt:
67. Man spricht: die Franzosen sind witzig vor der Sach',
die Walhen in der Sach', die Deutschen nach der Sach',

Reinsberg I, 5, 32.

Hierbei ist er sehr bescheiden; vergleiche Nr. 43a—f!

Arg macht es der Russe:
68a. Wess sswet k nasmeschki, po nemezkomu obraszu.

Briefliche Mitteilung 1897.

68b. Aller Welt zum Spott, nach deutscher Art.

Reinsberg I, 13, 1.

Vielleicht kennen die Polen unser Sprichwort: Mitgefangen, mitgehangen, wenn sie sagen:
69. Der Gesellschaft wegen läßt sich der Deutsche aufhängen,

Reinsberg I, 14, 18.

Vielleicht ist dies auch ein Hieb, um den deutschen Hang zur Geselligkeit zu verspotten.

Bei den Esthen ist „Sachse" der Name des Deutschen. Sie sagen:
70. Bei dem Regen reist der Sachse, beim Nebel streift der Wolf umher.

Reinsberg II, 118, 10.

Südfranzosen und Nordfranzosen sind darin einig, uns „Dick=schädel" zu nennen:
71a. Cap carrat coumo un Alemand

Revue XX, 17, 16; Gaidoz 326, 12.

71b. Tête carrée.

Gaidoz 56, 12.

Schließlich die Bemerkung, daß ein von Frischbier I, 292, 7 angeführtes Sprichwort der Litauer über die Deutschen zu tilgen ist. Frischbier führt als Quelle ein Werk Lepners vom Jahre 1690 auf. Bezzenberger 59, 24 führt den Wortlaut der Stelle bei Lepner an, woraus sich ergibt, daß es nur einfach Schimpfworte der Litauer sind, ohne besondere Beziehung auf die Deutschen.

Johanna Schopenhauer schreibt in ihrem „Jugendleben, Wanderbilder" (S. 83): „Die Franzosen pflegten spottend zu behaupten, daß wir Deutschen, wenn irgend jemand etwa ein Bein gebrochen habe, ihn immer noch glücklich preisen, weil er nicht zugleich den Hals brach, was doch leicht hätte geschehen können. Sie nennen das

[72.] Le bonheur allemand,]

und leugnen läßt es sich nicht, diese Bemerkung, die obenhin betrachtet nichts weiter als ein arger witziger Einfall zu sein scheint, ist auf eine tief im Charakter unseres Volkes liegende, sehr schätzenswerte Eigenheit begründet, die uns treibt, auch dem schwersten Mißgeschick irgend eine leidliche, einigermaßen Trost gewährende Seite abzugewinnen."

Urquell, Neue Folge II, 30, 9.

Ich habe die Stelle wörtlich hergesetzt, weil man sich nicht leicht eine bessere, tiefer gehende Erklärung des Sprichworts wünschen könnte.

Ein sprichwörtlicher Ausdruck, auch als Schelte gebraucht, der den Deutschen mit all seinen Schwächen, aber auch seinen guten Seiten kennzeichnet, ist:

73. **Der deutsche Michel.**

Franck I, Blatt 2¾b, 6; II, 49b, 10; Kriegk 101, 1; Körte 519, 34; Reinsberg I, 60, 21; Alemannia VII, 30, 26; Treukler 93, 25; Urquell III, 227, 13; IV, 185—187; Borchardt 525, 13; Schrader 410—412; Hetzel 213, 45.

Ursprünglich bezeichnete unsere Redensart den dummen, groben Deutschen. Beweis: die zwei ältesten Stellen aus Franck. „In nötigen sachen aber könden sie [die Weiber] weniger, dann der teutsch Michel, da ist ein man theurer dann 1000. weiber." Die zweite Stelle lautet: „Ein rechter dummer Jan, Der teutsch Michel, Ein teutscher Baccalaureus". Der heilige Michael war früher der Schutzheilige der Deutschen, der an Wodans Stelle getreten ist. Beim Auszug in den Kampf sangen die Krieger ein Lied und riefen in demselben seinen Schutz an. Der Name Michaels wurde so, auch durch Taufen auf seinen Namen, unendlich häufig. Von da zur Personifizierung des Deutschen als „Michel" war der Weg nicht weit. Die weitere Bedeutungsentwicklung ging von „dumm, grob" über zu „dickleibig,

schwerfällig, plump, schläfrig"; aber auch die guten Seiten schauen aus der Benennung hervor; im „deutschen Michel" ist auch der geduldige, ausdauernde, zähe Sinn des Deutschen verkörpert. Schließlich nennt man auch den, der Sachen heraussagt, die man anständigerweise verschweigen sollte, einen „deutschen Michel".

3. Steifheit, Unbeholfenheit, Langsamkeit, Plumpheit.

Die Nummern 61b und 61c gehören auch hierher.

Der Franzose heißt den Deutschen:
74. Ours du nord,
Kriegk 95, 15.
und
75. Le lourd Allemand.
Kriegk 95, 26.

Der Deutsche selbst sagt:
76. Bis ein deutscher Schuster sein Werkzeug beisammen hat, hat ein Welscher ein Paar Schuhe gemacht.
Simrock 585, 24; Reinsberg II, 17, 22.

In Polen heißt die deutsche Sprache:
77. Die Sprache der Böcke.
Reinsberg I, 11, 27.

Beim Tschechen heißt der Deutsche:
78. Ein geschmiedeter Deutscher,
Reinsberg I, 12, 27.
oder:
79. Ein in die Stiefeln gegossener Deutscher.
Reinsberg I, 12, 28.

Hierdurch soll dessen Steifheit und Unbehülflichkeit ausgedrückt werden. Außerdem sagt der Tscheche noch von der Deutschen:
80a. Die Deutsche (paßt am besten) in den Stall, die Tschechin in die Küche und die Französin ins Bett.
Reinsberg I, 10, 4.

80b. L'Allemande à l'étable, la Tchèque à la cuisine, la Française au lit.
Revue de linguistique XVII, 98, 19.

4. Grobheit.

In den Nummern 55, 61c und 73 wird dem Deutschen auch noch die Eigenschaft der Grobheit beigelegt. Zu 61 c führe ich hier noch eine Stelle aus dem Jahre 1786 an, die sehr bezeichnend für die damalige Beurteilung der Deutschen ist:

Allemand. Ce mot est injurieux tant à celui contre qui on le dit, que contre la brave nation Allemande, qui depuis quelques années a assez fait connoitre le contraire de la signification de ce mot. Je prie aussi ceux qui liront ceci de ne s'en point choquer, puisque je n'ai eu en vue que de mettre au jour le ridicule des François, qui mériteroient mieux qu'aucune nation du monde qu'on lui fit connoitre leur manque de jugement, de taxer ainsi mal-à propos une nation chez laquelle ils devroient maintenant venir à l'école. Ce mot donc signifie grossier, brutal, farouche, & quelquefois ivrogne. «Et vous passeriez — là pour un franc Allemand.» (Hauteroche. Amont qui com.)

Leroux I, 27, 23.

Sich grob stellen drücken die Franzosen aus durch:

81. Den Deutschen nachmachen.

Reinsberg I, 18, 16.

Auch der Engländer fehlt hier nicht:

82. Popular estimate:
Americans are Vulgar,
French are Immoral,
Russians are Barbarians,
Italians are Beggars,
Spaniards are Cut-throats,
Germans are Boors, [== Bauern, Flegel, Lümmel!]
Greeks are Sharps,
Australians are Convicts,
Swiss are Harpers,
Turks are Unspeakable.

And every other people: — below contempt-Foreigners are, in fact, deceitful, effeminate, irreligious, immoral, unclean, and unwholesome. And one Eng-

lishman is a match for any seven of them. (Dal Truth di Londra, 2 nov. 1893, p. 928.)

Archivio XIII, 125, 14.

Ähnlich nennt der Amerikaner in Pennsylvanien die dortigen Deutschen:

83. Bushwhackers.

Reinsberg II, 111, 22. [So muß es statt «Bushwakkers» heißen.]

Dies bedeutet ursprünglich Hinterwäldler, dann Bauer, Tölpel, grober Kerl.

Ein Wort Goethes schließlich ist Sprichwort geworden:

84. Im Deutschen lügt man, wenn man höflich ist.

Hetzel 73, 11; 202, 28.

5. Hochmut, Einbildung, Stolz.

Nordfranzosen und Südfranzosen werfen uns Hoffart und Stolz vor. Schon im XV. Jahrhundert heißt es in Nordfrankreich:

85. Les Allemands et les Lombards sont volontiers un peu hautains.

(Gringore, Menus propos.)

Liney I, 280, 6; Gaidoz 323, 23.

Und die Südfranzosen sagten und sagen:

86. Auturious [= hautain] coumo un Alemand.

Revue XVIII, 283, 39; 290, 12; Gaidoz 323, 19.

Die Deutschen sagten von sich schon im XVI. Jahrhundert:

87. Es ist kein Teutscher, in gedaucht er wölt dreyer meyster sein,

Franck I, Blatt 94b, 20.

Hiemit steht in auffälliger Übereinstimmung der Schluß der Nummer 82: And one Englishman is a match for any seven of them [= foreigners]!

6. Streitsucht, Empfindlichkeit, Ungeduld, Zorn.

Die Bedeutung „streitsüchtig" liegt auch in Nummer 61c.

Im XIII. Jahrhundert sagten die Franzosen:

88. Li plus ireux sont en Alemaingne.

Liney I, 279, 5; Gaidoz 322, 10.

Im selben Sinne sagen noch heute Südfranzosen und Dänen:
89a. Coulèrous coumo un Alemand.
Revue XVIII, 283, 39; XX, 21, 27; Gaidoz 323, 2.
89b. So erzürnt wie ein Deutscher.
Reinsberg I, 20, 13.

Von der Deutschen Ungeduld ist im folgenden pikardischen Sprichwort aus dem Mittelalter die Rede:

90a. Pitié de Lombard,
Labour de Picart,
Humilité de Normand,
Patienche d'Alemant,
Larghece de François,
Loyauté d'Anglois,
Dévocion de Bourguignon,
Ces huit coses ne valent pas un bouchon.
Lincy I, 382, 26; Gaidoz 263, 20.

Übersetzt:
90b. Mildthätigkeit des Lombarden,
Und Arbeit des Picarden,
Des Normands Demuth,
Und des Deutschen ruhiges Blut,
Französische Freigebigkeit,
Und englische Zuverlässigkeit,
Sowie die Andacht des Burgunder.
Diese Ding' sind nicht mehr wert als Plunder.
Reinsberg I, 5, 23.

Im folgenden kommen wir zu einem Sprichwort, welches ursprünglich gar nicht den Deutschen galt, aber mindestens schon im XVII. Jahrhundert in Frankreich auf sie bezogen wurde und heute noch daselbst, auch in Südfrankreich, nur mehr auf sie bezogen wird und einen wegen geringfügiger Ursache entstandenen Streit bezeichnet. Im XIII. und XIV. Jahrhundert nämlich gab es in Frankreich in der Dauphiné eine weitverbreitete Adelsfamilie der «Alleman», die fest zusammenhielt und jede, auch die kleinste Unbill rächte, die ihr angethan wurde. Sie waren und wurden nun sehr streitbar und streitsüchtig, und bald entstand das Sprichwort: «faire une querelle d'Alleman», um einen Streit wegen einer Kleinigkeit zu bezeichnen.

Bereits Oudin, in seinen Curiosités françoises vom Anfang des XVII. Jahrhunderts, sagt im gleichen Sinn: «Querelle d'Alleman». [Lincy II, 2, 36.] Von Alleman zu Allemand, Allemands kam man leicht, vielleicht absichtlich. So entstand infolge der beständigen Kriege zwischen den beiden Nachbarn das Sprichwort:

91 a. [Faire] Querelle d'Allemand.

Mésangère 40, 1; Kriegk 103, 1:
Lincy I, 279, 19; Gaidoz 322, 14.

Südfranzösisch:

91 b. Faire una cherela d'Alleman.

Toselli 104, 20.

Übersetzt:

91 c. Ein deutscher Streit.

Reinsberg I, 18, 6.

Ähnlich heißt es im wallonischen Belgien:

92 a. Querelleur comme un Allemand.

Gaidoz 322, 19.

Zum Schlusse noch eine französische Aufzählung von Völkeruntugenden, in der vom Deutschen das Gleiche gemeldet wird:

92 b. Diebisch wie ein Amerikaner;
betrunken wie ein Pole oder Schweizer;
eifersüchtig wie ein Spanier;
rachsüchtig wie ein Corse;
streitsüchtig wie ein Deutscher;
geizig oder frech wie ein Araber;
verräterisch oder hochmütig wie ein Schotte;
kalt wie ein Holländer,
betrügerisch wie ein Grieche.

Reinsberg I, 5, 5.

7. Rachsucht.

Denselben Vorgang wie bei Nummer 90 sehn wir im folgenden Sprichwort. Die Familie der Alleman hielt fest zusammen. Daher das Sprichwort im Mittelalter: «Paranté d'Alleman». Lincy II. 9, 19 a.] Ein anderes, das zuerst auf sie angewendet wurde, wurde dann auf die Deutschen bezogen und schob ihnen große Rachsucht unter. Es hieß: «Arces, Varces, Granges et Comiers, [= Adels=

geschlechter der Dauphiné!), Tel les regarde qui ne les ose toucher, Mais gare la queue des Alleman Et des Berangiers.» [Aus dem Dit de l'Apostoile, Ende des XIII. Jahrhunderts, f. Lincy I, XXXIV. 32; II, 9, 13., Ferner noch bei Lincy II, 1, 16: «Gare la queue des Alleman». Jetzt heißt das Sprichwort:

93. Gare la queue des Allemands.

Gaidoz 323, 9.

8. Listigkeit, Falschheit, Verschlagenheit, Betrügerei.

Dieser Abschnitt enthält grobes Geschütz gegen uns. Wären diese Liebenswürdigkeiten wahr, dann —! —

In Bosnien bezeichnet man einen „listigen und verschlagenen Menschen" mit:

94. Alaman.

Reinsberg I, 12, 14.

Der Russe sagt:

95a. Nemez gosspodintschikom, podlez.

Briefliche Mitteilung 1897.

95b. Der Deutsche als Herrlein, ein Schuftlein,

Reinsberg I, 14, 11.

Der Ruthene gibt's gar doppelt:

96. Wo eine Deutsche, ist Falschheit, wo eine Zigeunerin, ist Diebstahl.

Reinsberg I, 14, 15.

und:

97. Es ist ein Deutscher, traue nicht!

Reinsberg I, 14, 16.

Im Mittelalter sagten die Provenzalen:

98. Haias mal, haias be
    Ab los tieus te capte

Forschungen III, 454, 17.

Der Kroate spricht sich so aus:

99. Besser türkische Feindschaft, als deutsche Liebe.

Reinsberg I, 15, 1.

Während der Lette als Vorfahr von Reuleaux sagt:

100. Deutsche Waare ist zerbrechlich.

Reinsberg I, 17, 14.

verstärkt dies der Sinne noch:

101. Deutsche Waaren sind zerbrechlich,
Und betrüglich deutsche Worte,
Reinsberg I, 17, 11.

Der Pole stellt folgende Stufenleiter im Betrügen auf:

102. Den Polen hintergeht der Deutsche,
Den Deutschen der Wälsche,
Den Wälschen der Spanier,
Den Spanier der Jude,
Den Juden aber bloß der Teufel.
Reinsberg I, 29, 19.

Von einem großen Gauner sagt der Madjare:
103a. Hunczut mint a német.
103b. Er ist spitzbübisch wie der Deutsche.
Briefliche Mitteilung 1897.

Allerdings kann man auch lesen, hiemit seien nur die Östreicher gemeint.

Sogar im Rufe des Diebstals steht der Deutsche. Der Wasserpolake in Oberschlesien sagt:
104. Gieb auf alle Dinge Achtung, damit die Deutschen sie dir nicht stehlen!
Reinsberg I, 15, 4.

Und allgemein slawisch ist:
105. Wo der Deutsche hinkommt, da zieht er sicherlich jeden Nagel heraus,
Reinsberg I, 12, 25.

9. Roßeit, Tiefstand in der Gesittung.

Wir kommen zu einigen der stärksten Sprichwörter, die jedoch glücklicherweise nur vereinzelt und meist wohl nur von Haß und Neid eingegeben sind. — Nummer 61c hat auch eine Bedeutung, die hieher gehört, die der Roheit. Der Italiener nennt uns Unschlittfresser, wie wir es von den Kosaken sagen:
106. Tedeschi magnasego.
Archivio I, 115, 29.

Bei den Albanesen sind wir noch immer, wie es im alten Griechenland hieß, Barbaren:
107. Die Deutschen sind Barbaren,
Reinsberg I, 19, 27.

Die Russen rechnen uns nicht mehr zu den Menschen, sondern zu den Tieren:

108a. Bog utschit lüdej, tschert she nemzew.
Briefliche Mitteilung 1897.

108b. Gott belehrt den Menschen, der Teufel aber den Deutschen.
Reinsberg I, 11, 22.

Mit gleichem Sinne haben die Tschechen zwei Sprichwörter:

109. Überall sind Menschen, in Kommotau sind Deutsche.
Reinsberg II, 81, 11.

und:

110. Wir Hanaken sind wir, aber die Deutschen sind Deutsche.
Reinsberg I, 15, 7.

Zum Schlusse noch ein russisches:

111a. Skolko russkich, stolko palak;
skolko nemzew, stolko ssobak.
Briefliche Mitteilung 1897.

111b. So viel Russen, so viel Stöcke;
so viel Deutsche, so viel Hunde;
Reinsberg I, 14, 5.

10. Unreinlichkeit, Unanständigkeit.

Während die Pfeile im letzten Abschnitt meist von Osten kamen, kommen sie in diesem hauptsächlich aus dem Westen. Wir lesen in einem Buche aus dem Jahre 1536:

112. Wie wol eyn merckliche welt zuo Paryß ist, oß allen nationen erboren, sagent doch die Frantzosen, das man dise zwentzig man da selbs nit findt, namlich:

Zwen Burgunder mit eyner conscienz,
Zwen Britannier in sapiens,
Zwen Thütsch onsuberkeyt frey,
Zwen Normander on flatery
Vnd zwen manhafft Lombarder,
Ouch on vil geschwetz zwen Picarder,
Zwen Frantzosen on hoffart syen,
Zwen Engellender on verretereyen,
Zwen Flemmisch die on ancken [= Butter] moegen syn:

So man die nun nit mag finden,
Was erzyehen wir an vnsern kinden.
Alemannia III, 55, 10.

Der Serbe meint, der Deutsche trage keine Unterhose; daher sagt er:

113. Der Deutsche fürchtet nicht, die Unterhosen zu verlieren,
Reinsberg I, 14, 23.

Die folgenden Sprichwörter sind nur französisch.

Der Deutsche hat keinen Kamm; wozu hat er denn seine fünf Finger!

Nordfranzösisch:

114a. Le peigne de l'Allemand, les quatre doigts et le pouce.
Mésangère 40, 7; Lincy I, 279, 21; Gaidoz 326, 19.

Südfranzösisch:

114b. Se penchena coumo un Alemand, amé [= avec] lous quatre dets e lou pouce.
Gaidoz 326, 21.

Übersetzt:

114c. Der Kamm des Deutschen = die fünf Finger
Reinsberg I, 18, 11.

Aus dem gleichen Grund braucht der Deutsche nach Ansicht der Franzosen auch kein Taschentuch; mit dem Spiegelschwaben benützt er den Ärmel oder die Hand. Südfranzösisch:

115. Moucade [= mouchade „Schnäuzen"] dous Alemans, lous quoate ditz e lou pouce.
Bladé 73, 27; Gaidoz 326, 15.

Rülpsen heißt im Französischen:

116. Ein deutscher Seufzer,
Reinsberg I, 18, 18.

Hat der Franzose ordentlich gespeist und macht sich dann Luft durch Aufknöpfen der Kleider, so ist das ein deutscher Aderlaß:

117. Se donner une saignée d'Allemand
Mélusine II, Spalte 285, 46:7.

11. Käuflichkeit, Knechtsgesinnung, Feigheit.

Den Vorwurf der Käuflichkeit macht uns der Schwede, allerdings aber auch sich selbst:

118. Der Deutsche thut alles für Geld, der Schwede alles für einen Schnaps.
Reinsberg I, 20, 15.

Mit der hochdeutschen Sprache nimmt der Mensch auch gleich knechtische Gesinnung an, behauptet der Ostfriese im Sprichwort:

119. Ju dienen! sä Reint Puppkes, do sprook he Dütsk.
Kern 23, 24.

Der Italiener hält uns für feige:

120. Furia francese e ritirata tedesca.
Archivio I, 115, 22; Gaidoz 9, 20.

Ebenso der Elsässer, bei dem Schwob = Deutscher ist:

121. Siwe Schwowe uff eine mann.
Gaidoz 329, 7.

Hierzu vergleiche man das Ende von Nummer 82 und Nummer 86!

12. Argwohn, Feindseligkeit.

Für argwöhnische Menschen erklärt der Italiener die Deutschen:

122. Francese furioso, Spagnuolo assennato, Tedesco sospettoso.
Gaidoz 9, 9.

Um die Mitte des XIII. Jahrhunderts spielt uns ein lateinisches Sprichwort in England übel mit:

123. Italici quae non sacra sunt et quae sacra vendunt;
Allobrogas de perfidia cuncti reprehendunt;
Teuthonici vix Catholici, nullius amici;
Gens, tibi, Flandrena, cibus est et potus avena;
Gens Normannigena fragili nutritur avena,
Subdola, ventosa, mendax, levis invidiosa;
Vincere mos est Francigenis, nec sponte nocere;
Prodere dos Normannigenis belloque pavere;
Alvernus cantat, Brito notat, Anglia potat.
Wright I, 5, 30.

Für feindselige Menschen erklären uns auch die Slawen.
Die Tschechen sagen:

124. Die Motte im theuren Tuch, der lebende Fisch auf dem Trocknen, der Wolf unter den Ziegen der Student unter

den Mädchen, der Ziegenbock im Garten, der Deutsche im Rath der Czechen: wo das ist, geht es nimmer gut;
Reinsberg I, 15, 12.

Tschechen und Slowenen behaupten:

125. Der Deutsche wird dem Czechen Slovenen' erst günstig sein, wenn sich die Schlange auf dem Eise wärmt,
Reinsberg I, 15, 9.

Die Russen meinen:

126a. Nemezkija plemena ne imejut nitschego choroschewo, protiw slowjanskich w schtschite.
Briefliche Mitteilung 1897.

126b. Der deutsche Stamm führt nichts Gutes gegen den slavischen im Schilde,
Reinsberg I, 15, 17.

und:

127a. Slawjanskij jasik ne nadeetsja ni na tschto choroschee ot nemzew.
Briefliche Mitteilung 1897.

127b. Für die slavische Sprache hoffe nichts Gutes von den Deutschen.
Reinsberg I, 15, 20.

Zum Schlusse wartet auch der Pole mit zwei Sprichwörtern auf:

128. So lange die Welt Welt, wird der Pole nie dem Deutschen Bruder sein.
Reinsberg I, 15, 25.

und:

129. Friede mit den Deutschen, wie zwischen Wolf und Schafen,
Reinsberg I, 15, 25.

In Italien gab es ein Sprichwort:

130. Dove stanno de' Tedeschi non vi può stare Italiani.
Briefliche Mitteilung 1898.

Aber dies wendete sich nur gegen die Östreicher zur Zeit ihrer Herrschaft daselbst, und seit der Befreiung Italiens ist es vollständig verschwunden und außer Gebrauch.

13. Großmäuligkeit, Schreierei?

Nord- und Südfranzosen sagen schon zu Anfang des XVII. Jahrhunderts, wir seien Schreier. Höchst wahrscheinlich ist es aber, daß

das folgende Sprichwort nur den Eindruck wiedergibt, den unsere Sprache auf die Franzosen macht, oder aber die Art, wie wir sprechen.

131 a. Les Italiens pleurent, les Allemands crient, et les François chantent.
Liney I, 290, 27; Gaidoz 7, 6; 322, 4.

131 b. Lu Italian plouroun, lu Alleman cridoun, lu Franses cantoun.
Toselli 184, 31.

Übersetzt:

131 c. Die Italiener weinen, die Deutschen schreien und die Franzosen singen.
Reinsberg I, 5, 17.

14. Fraß und Völlerei.

Daß die Deutschen von jeher auf einen guten Bissen und einen guten Trunk viel gehalten haben, ist Thatsache. Dies drücken daher auch die Sprichwörter vieler Völker und der Deutschen selbst aus, natürlich oft übertrieben.

Ich bringe zuerst die Sprichwörter, die sich auf vieles Essen und Trinken beziehn, dann diejenigen, die vom vielen Essen allein handeln, zum Schlusse die vom „Saufen".

Im XVII. Jahrhundert sagte man in Deutschland:

132. Deutsche lernen von Spaniern stelen, so lernen Spanier von deutschen fressen vnd sauffen.
Benischins 684, 58.

und:

133. Die deutschen fressen vnd sauffen sich arm, kranck, vnd in die Helle hinein.
Benischins 684, 60; 1214, 35.

Im Französischen haben wir:

134 a. Faire le saut de l'Allemand. C'est de la table au lit, et du lit à la table.
Leroux II, 459, 1; Gaidoz 325, 5.

Übersetzt:

134 b. Der Sprung des Deutschen ist ein Sprung aus dem Bett an den gedeckten Tisch;
Reinsberg I, 18, 4.

Der Deutsche selbst sagt:

135a. Gott verläßt keinen Deutschen: hungert ihn nicht, so dürstet ihn doch.

  Simrock 70, 20; Archiv I, 161, 38; Körte 181, 50; Reinsberg I, 58, 21; Crenkler 36, 3.

In der Mundart der Oberpfalz:

135b. Unar Hargad volaoßt koin Deudschn: wen's 'n niad hungard, nao durst'ts so! 'n.

  Schönwerth 53, 14.

Der Esthe behauptet:

136. Küchenrauch und Löschbrandsqualm sind des Deutschen Tod.

  Reinsberg II, 118, 8.

Wir kommen zu den Sprichwörtern, die vom vielen Essen der Deutschen handeln. Eines findet sich schon im Jahre 1508 vor:

137a. Pons Polonicus: Monachus Boemicus: Suevica monialis: Miles Australis: Italorum devotio et Alemannorum ieiunia: fabam valent omnia.

  Bebel 20, 11; Beuseler 107, 12 [von «Italorum» anfangend; «Germanorum» statt «Alemannorum»!]; Benischius 452, 20 [= Beuseler]; Borchardt 77, 36.

Deutsch zuerst bei Luther, aber nur das Ende des Sprichworts:

137b. Der Wahlen Andacht, und Deutschen Fasten, moechte man beide mit einer Bohne bezahlen.

  Beuseler 107, 14; Benischius 452, 24; 1015, 12; Borchardt 77, 52.

Vollständig deutsch erscheint das Sprichwort zuerst 1541:

137c. Der Polnisch gotsdienst, Ein Boemischer Moench, Ein Schwaebische Nonn, Ein Osterreichischer Kriegsman, Der welschen andacht, vnd der Teutschen fasten, gelten nit ein bonen.

  Franck I, 162b, 16.

Franck hat noch eine andere Lesart:

137d. Ein Polnisch bruck. Ein Behmischer mönch, Ein schwebische Nonn, Ein Österreichischer kriegsman, Wälsche andacht, vnd der Teutschen fasten, gelten ein bonen.

    Franck I, 77b, 52; Sprichwoerter 356b, 9; Klosterspiegel 7, 19 [der Östreicher fehlt!]; Simrock 576, 4 [= Klosterspiegel; Körte 58, 27 = Simrock]; Reinsberg I, 6, 15 [Körte]; Trenkler 13, 23 [= Reinsberg].

Andere Lesart aus dem Jahre 1724, bei Frischbier „Pritschmeister-Reim" genannt:

137e. Alle Brücken im Lande Pohlen,
Ein Münch in Böhmen unverhohlen,
Das Kriegesvolck aus Mittags-Land,
Die Nonnen in Schwaben wol bekannt,
Der Spanier und Wenden Treu
Der Preußen Glaub und harte Reu,
Der Franzosen Beständigkeit.
Wie auch der Teutschen Nüchterkeit,
Samt der Italiäner Andacht
Werden von Niemand hoch geacht.

    Frischbier I, 211, 12; Reinsberg I, 6, 2; Gaidoz 6, 11.

Unser Sprichwort ist sogar nach Rußland gelangt, und zwar in doppelter Gestalt:

137f. Polnische Brücke. lutherische Fasten, türkische Andacht, das Alles ist ein Aergerniß.
    Reinsberg I, 6, 23.
und:

137g. Deutsches Fasten ist wie eine litauer Brücke.
    Reinsberg I, 6, 28.

Ferner gehört hieher ein tschechisches Sprichwort:

138. Si le diable tombait par terre et se cassait en morceaux la tête tomberait en Espagne (vu l'orgueil des Espagnols), le cœur en Italie (pays des brigandages et des trahisons), le ventre en Allemagne, les mains chez les Turcs et les Tatars pour piller et voler, les jambes chez les Français pour sauter et danser.
    Gaidoz 7, 17.

Ißt der Südfranzose zu viel, so wird er:
139. Gras com un Tudesch.
   Revue XX, 288, 6; Gaidoz 525, 2.

Nun kommen wir zu den Sprichwörtern, die vom vielen Trinken der Deutschen allein handeln; hieher gehören auch die Nummern 28, 61c und die Einleitung zu B 4.

„Der Teufel der Deutschen ist nach Dr. Martin Luther der Suff. Aber noch vor Luther, im Jahre 1423, erklärte ein deutsch-italienisches Wörterbuch: «Sprich mir du auch also, daz die Deutschen trunken sein! und die Walich (Welschen) sellen (fehlen) nicht, wenn sie darzu kumen, — wol daz die Deutschen den Namen haben»."
   [Baltisch 381, 19.]

Damit können wir uns wohl trösten. Dem Italiener und dem Franzosen ist eben das deutsche Trinken, zu dem beide wegen ihres anderen Klimas nicht so viel Bedürfnis haben, soviel wie „Viel trinken"; daher heißt dort trincare „saufen", eigentlich „wie ein Deutscher trinken", schon bei Brunetto Latini im XIII. Jahrhundert Beilage 1898, Nummer 64, 1a, 37; trinquer heißt „zechen", auch „miteinander anstoßen", und Diez führt ein neapler Todisco in der Bedeutung von „Zechbruder" auf. [Ausland LVI, 605a, 15.] Wohl das älteste wird hier ein französisches Sprichwort vom Ende des XVI. Jahrhunderts sein, an das ich die verwandten anfüge:

140. Pourquoy dit-on: l'Espagnol mange, l'Allemand boit et le Français s'accommode à tout et on le nomme le singe des autres nations.
   Gaidoz 5, 6.

Aus dem Anfang des XVII. Jahrhunderts stammt:

141a. Les Italiens à pisser, les François à crier, les Anglois à manger, les Espagnols à braver et les Allemands à s'enyvrer.
   Lincy I, 290, 24; Revue de linguistique XVII, 115, 12.

Gemildert übersetzt haben wir das Sprichwort:

141b. Die Italiener fluchen, die Franzosen schreien, die Engländer essen, die Spanier trotzen und die Deutschen betrinken sich.
   Reinsberg I, 5, 11.

In doppelter Form liegt es italienisch vor:

141 c. Gli Spagnuoli s'accordano a bravare, i Francesi a gradire, gli Inglesi a mangiare, i Tedeschi a sbevazzare, e gli Italiani a pisciare.

Gaidoz 5, 16.

und:

141 d. L'Italiano al cantare, i Francesi al ballare, i Spagnuoli al bravare, i Tedeschi allo sbevacchiare; si cognoscono.

Gaidoz 6, 29.

Aus dem Jahre 1632 stammt das lateinische Sprichwort mit niederländischer Übersetzung:

142 a. Non comedis, Germane, bibis: sed comedis,
Angle,
Non bibis; at comedis, Flandre, bibisque bene.

Erasmus 417, 41.

142 b. Sie, vrient! dat dient gy wel te weten:
Een Duytsch kan drincken sonder eten;
Een Engelschman eet sonder drincken.
Een Nederlander laet hem inschincken.

Erasmus 417, 45.

Ein lateinisches Sprichwort aus dem Jahre 1695 sagt:

143. Bacchus Germanos vexat, sed foemina Gallos:
Dic mihi quid gravius, Vulva vel urna nocet.

Keil 150, 1.

Folgendes Sprichwort ist vier Völkern gemeinsam.

Deutsch:

144 a. Der Deutsche vertrinkt seinen Kummer, der Franzose versingt ihn, der Spanier verweint ihn, der Engländer verlacht ihn, der Italiener verschläft ihn.

Kriegk 105, 52; Körte 417, 2.

Italienisch:

144 b. Le nazioni smaltiscono diversamente il dolore: Il Tedesco lo beve, il Francese lo mangia, lo Spagnuolo lo piange e l'Italiano lo dorme.

Gaidoz 5, 24; Briefliche Mitteilung 1898.

Übersetzt:

144c. Sorgen vertreibt der Deutsche mit Trinken, der Franzose mit Schwatzen, der Spanier mit Weinen, der Italiener mit Schlafen.

Reinsberg I, 8, 18.

Südfranzösisch:

144d. Li nassioun divisioun diversamen lou doulou:
Lu Tedesc lou beu, lou Frances lou mangea, l'Espagnoù lou ploura e l'Italian lou duerme.

Toselli 185, 5.

Dänisch:

144e. Les Italiens dorment leur peine, les Espagnols la pleurent, les Français la chantent, les Allemands la boivent et les Danois la font passer de ces quatre façons.

Reinsberg I, 52, 8; Gaidoz 6, 6.

Hieher gehört auch ein italienisches Sprichwort, welches uns mitteilt, welches Gebäude jedes Volk beim Besiedeln einer Insel zuerst aufführt:

145. Nel colonizzare un' isola la prima fabbrica eretta da un Spagnuolo sarebbe una chiesa, da un Francese un forte, da un Olandese un magazino e da un Tedesco una birreria.

Briefliche Mitteilung 1898.

Ein alter deutscher Reim sagte:

146. Wenn der Däne verliert die Grütze.
Der Franzmann den Wein,
Der Schwabe die Suppe.
Und der Deutsche das Bier,
So sind verloren alle Vier.

Wiß 139, 1.

Wurde im vorhergehenden der Deutsche mit anderen Völkern zusammengestellt, so kommt er zum Schlusse allein. — Bereits 1541 finden wir:

147. Ein teutsch gefreß.

Franck I, Blatt 50b, 21; Körte 150, 50.

Es hat die Bedeutung „viel trinken".

Aus einer Sammlung von 1616 stammt:

148. Die Teutschen trincken deß abends den wein, am morgen die hefen, das ist, den brantenwein.

Benischius, Spalte 177, 27.

Eine französische Sammlung von 1656 bietet:

149a. Jouer de la fluste de l'Allemand.

Lincy II, 85, 29.

Demnach sagten die Franzosen: „Auf der deutschen Flöte spielen" für „saufen", boire avec excès, angeblich, weil die Deutschen damals aus langen, engen Gläsern tranken, die sie „Flöten" nannten.

Hiezu gehört das südfranzösische „flöten wie ein Deutscher" im Sinne von „saufen":

149b. Flabuta coumo un Alemand.

Revue XVIII, 283, 38; Gaidoz 324, 10.

Gleichen Sinn hat:

149c. Pinta coumo un Alemand.

Revue XVIII, 283, 38; Gaidoz 324, 10.

Oder ohne Bild:

150a. Boire comme un Allemand

Kriegk 103, 3; Anspielung bei Lincy I, 280, 9.

Südfranzösisch:

150b. Beure coumo un Alemand;

Revue XIX, 110, 28; Gaidoz 324, 8.

Spanisch, übersetzt:

150c. Trinken wie ein Deutscher,

Reinsberg I, 19, 12.

In erweiterter Form haben wir das Sprichwort:

151. Beure à bentre [= ventre] deboutounat coumo un Alemand;

Revue XVIII, 283, 37; Gaidoz 324, 9.

Ferner sagt der Südfranzose noch boshaft und nicht ohne Witz:

152a. Beure lou vin a la tedesca: Lou matin pur, a dinà sens'aiga, e a soupà couma ven de la bouta. [= Butte, Faß.]

Toselli 214, 18.

Italienisch:
152b. Bere alla Tedesca.
                                          Gaidoz 324, 25.

Einen stark betrunkenen nennt der Franzose:
153. Plus plein de vin qu'un Allemand.
                                          Gaidoz 324, 12.

Oder südfranzösisch:
154a. Sadou [= soul, betrunken] coume un Alemand.
                     Gaidoz 324, 18. Etwas ungenau übersetzt:
154b. Ein Säufer wie ein Deutscher
                                       Reinsberg I, 17, 26.

Ein alter lateinischer Vers sagte:
155. Si latet in vino verum, ut proverbia dicunt,
Invenit verum Teuto, vel inveniet.
                      Reinsberg I, 19, 14; Gaidoz 324, 21.

Früher sagte der Franzose:
156. Gott bewahre uns vor der Gesundheit der Deutschen (d. h. dem zuvielen Trinken) und der Krankheit der Franzosen [= lues, Syphilis].
                                         Reinsberg I, 22, 23.

Ein anderer lateinischer Vers lautete:
157. Germanos semper delectant pocula plena.
                              Keil 182, 22 [a. d. J. 1722].

Von großer Selbsterkenntnis zeugt das deutsche Sprichwort:
158. Jedes Land hat seinen Teufel, der von Deutschland heißt Weinschlauch und Saufaus.
                        Simrock 481, 19; Reinsberg I, 60, 6.

Will der Neapler ausdrücken, daß er sich aus irgend einer Sache nichts macht, so sagt er:
159. Jo ne faccio chillo [= ce] cunto [= compte], che fa lo Todisco de l'acqua fresca.
                                   Archiv XXIII, 208, 26.

Ferner sagt der Italiener:
160. Drei Dinge sind schlecht aufgehoben: die Vögel in der Hand der Kinder, die jungen Mädchen in der Hand der Alten und der Wein in der Hand der Deutschen.
                                     Reinsberg I, 20, 18.

Schließlich noch drei deutsche Sprichwörter:
Eines stammt aus Goethes „Faust":
161. **Ein echter deutscher Mann mag keinen Franzen leiden, doch ihre Weine trinkt er gern.**
Hetzel 207, 6.

Das andere ist frei gebildet nach der Germania des Tacitus:
162. **Die alten Deutschen tranken immer noch eins.**
Hetzel 73, 17.

Das dritte:
163. **Die Deutschen beim Becher!**
Reinsberg I, 60, 1.

15. Uneinigkeit.

Die zwei Sprichwörter dieser Gruppe gehören einer vergangenen Zeit an. Sie haben nur mehr einen geschichtlichen Wert, uns zu erinnern, wie es leider früher war.

164. **Wenn man Deutsche verderben will, so nimmt man Deutsche dazu.**
Witz 186, 11; Birlinger 12, 7.

165. **Die Deutschen sind schwer unter einen Hut zu bringen.**
Reinsberg I, 60, 17.

16. Unklares.

Unzweifelhaft gehört unter B folgendes Sprichwort. Ich kann es aber nicht deuten.

Es stammt aus einer Sammlung aus dem Anfang des XVII. Jahrhunderts.

Was heißt: „Das Handtuch auf den Tisch festnageln, nach deutscher Art?"

166a. Ala Todesca, inchiodar la touaglia, sopra la tauola.
Bolla [10,] 13.

166b. Germanico more, inclavare mantil'l'e, super mensam.
Bolla [10,] 15.

C. Verschiedenes.

Die hieher gehörigen Sprichwörter sind so verschiedenartig, daß sie nicht gut in Gruppen gebracht werden konnten. Ich bringe

sie daher meist einzeln, doch so, daß ein gewisser Zusammenhang besteht.

Ich habe hier keine vollständige Ausnutzung meiner Quellen angestrebt, da die folgenden Sprichwörter ja nichts über die Eigenart der Deutschen in innerer oder äußerer Hinsicht aussagen, sondern mehr Allgemeines bringen.

Zunächst Zusammenstellungen mit anderen Völkern:

Eines aus dem Jahre 1507:

167. Man sagt, als es auch war ist, das die Teuschen ir guete tat singen, die Franzosen spilen (das alles bald vergessen), aber die Lateinischen beschreiben, das beleibt in ewiger gedechtnus.

Wilwolt 3, 3; Borchardt 120, 51.

Aus dem Jahre 1704:

168. Ein Frantzoß liebet Frauenzimmer das hurtig und geschwind ist, und wohl tantzen kann. Einem Spanier gefällt eine anmuthige Gestalt und die fein verliebt ansiehet. Ein Italiener ergätzt sich an einem Mägdlein, die ein wenig räsch ist, blöde, und die sich ein wenig weigert; aber ein Teutscher will gerne eine frische und tolle Hummel haben.

Alemannia VIII, 225, 41.

Die Italiener heben unsern großen Kindersegen hervor:

169. Die Italiener nennen die Engländer hochmüthig, die Franzosen rasend, die Deutschen volkreich, die Spanier verschlagen, die Ungarn grausam, die Slaven ein untergegangenes [?], die Hebräer ein zerstreutes Volk und die Türken Ungläubige,

Reinsberg I, 8, 15.

170. Fällt ihm eine Fliege in den Becher, so schüttet ihn der Engländer aus und trinkt nicht, der Deutsche nimmt die Fliege heraus und trinkt, der Russe trinkt die Fliege mit —

Zeitschrift II, 500, 55. [Zurecht gemacht.]

171. Der Litauer ist ein Ochse, der Jude ist ein Strick zum Anbinden des Rindviehs, der Samaite ist ein Pfahl, der Pole ist grünes Gras, der Deutsche ist eine Rose. [!]

Briefliche Mitteilung 1897.

Französisch:
172. L'italien se parle aux dames, le français aux savants, l'anglais aux oiseaux, l'allemand aux chevaux, l'espagnol à Dieu.

Schrader 226, 2.

Wird auf Karl V. zurückgeführt.

Italienisch:
173. «Faremo» di Roma, «adesso adesso» di Firenze, «a la magnana» di Spagna, «By and by» dell' Inghilterra, «Gleich» d'Alemagna, «Tantôt» di Francia, son tutte ciancie [= Possen, Geschwätz].

Briefliche Mitteilung 1898.

Polnisch:
174. Der Teufel hat Eva walsch verführt —
Die Eva den Adam böhmisch überführt —
Der Herr Gott schalt sie deutsch — dann stieß
Der Engel sie ung'risch aus dem Paradies.

Reinsberg I, 10, 8.

Nun folgen einige, die sich mit dem Deutschen allein befassen.
Ein französisches aus dem XVI. Jahrhundert:
175. La poudre à canon et l'hérésie sont sorties de l'Allemagne.

Mésangère 39, 26.

Aus dem Jahre 1616 ist uns überliefert:
176. Deutschland ist wie ein schöner waidlicher hengst, der futter vnd alles gnug hat, vnd fehlt jm nur an einem guten Reuter.

Henischius, Spalte 684, 45.

Ebendaher:
177. Deutsche haben gemeingklich lange silben, vnd kurtze wort.

Henischius, Spalte 684, 56.

Die Engländer bezeichnen verschiedenes mit dem Zusatz „Deutsch".
Schon im Jahre 1562 hat eine Sammlung:
178. Just as German lips.

Damit soll das feste Zusammenpressen der Lippen angedeutet werden, das uns Deutschen eigentümlich sei.

Hazlitt 239, 28.

„Küchenlatein" heißt bei ihnen:
179. German-Latin.

            Kriegk 95, 51.

Die Ungarn nennen das Abführen oder den Durchfall:
180. Deutscher Bauch.

            Reinsberg II, 118, 25.

In der Champagne heißt das Settschmelzen oder die Ruhr der Pferde:
181. Deutschlandsübel.

            Reinsberg II, 119, 4.

In China heißt Deutschland:
182. Rothes Land.

            Reinsberg II, 119, 6.

Franzosen, Provenzalen, Norweger, Russen und Esthen bezeichnen mit dem Namen „Deutsch" oft geradezu das Fremde, Ausländische.

„Sie halten mich für einen Fremden" heißt französisch daher schon im XVII. Jahrhundert:
183. Vous me prenez pour un Allemand.

        Lincy I, 279, 16; Gaidoz 327, 31.

Gleichzeitig:
184. Il tient de l'Allemand.

            Lincy I, 279, 11.

Ebenfalls schon im XVII. Jahrhundert sagte man für „es ist ihm fremd":
185. Il n'y entend que le haut Allemand.

  Lincy I, 280, 3; Gaidoz 328, 2; Reinsberg I, 17, 25.

Provenzalisch begegnen uns im gleichen Sinne folgende drei sprichwörtliche Redensarten:
186. Jeu non enten plus que selhs d'Alamanha | qui parl' ab me.

            Cnyrim 55, 1.

187. Quant la prec, ela fai un semblan | que no m'enten plus que un Alaman.

            Cnyrim 55, 2.

188. No t'enten plus d'un Toesco o Sardo o Barbari.

            Cnyrim 55, 3.

Die Nebenbedeutung „unverständlich sprechen" hat das norwegische Zeitwort:

189. **Tydska,**

Aasen 856b, 54.

Wörtlich so viel als „deutschen"! So hat den Sinn von „deutsch sprechen" das Französische:

190. **Hacher de la paille.**

Gaidoz 328, 5.

Im folgenden russischen Sprichwort ist „Deutscher" = Fremder:

191 a. **Smertj nerazbirajet tschina, a vedet ravno i Rusaka i Nemtschina.**

Dobrowsky 315, 5.

Übersetzt:

191 b. Der Tod unterscheidet nicht den Stand; sondern führet gleich sowohl den Russen als den Deutschen.

Dobrowsky 315, 5.

Bei den Esthen schließlich heißt alles Ausländische „deutsch" oder:

192. **Saksa.**

Reinsberg II, 118, 7.

Eine früher in Deutschland beliebte Spielerei ist das folgende:

193. Man sprach von 7 W's, durch welche sich Deutschland auszeichne, nämlich Wasser, Wald, Waizen, Wachs, Wein, Wiese und Wolle,

Kriegk 117, 13.

Ein mittelalterliches deutsches Sprichwort sagt:

194. Bei seinem Stolz den Narrn man kennt,
Denn Stolz von stultus wird genennt.
Wir Teutschen han verstanden wohl,
Wie man die Hoffart nennen soll.

Inschriften 65, 8.

Nur mehr geschichtlichen Wert haben die beiden folgenden:

195. Ungarn ist der Kirchhof der Deutschen (wird auch insbesondere noch von einigen Strichen Ungarns, z. B. von der Gegend von Essek und Peterwardein, gesagt).

Kriegk 104, 26; Simrock 504, 29.

und:

196. **Lamparten** [= Lombardei] ist der Deutschen und Französen Kirchhof.

Simrock 284, 15.

Die Amerikaner haben für uns Deutsche einige sprichwörtliche Ausdrücke, die uns herabsetzen sollen: es sind sozusagen auch Schimpfwörter. So statt «German»:

197. Dutchman

Ausland LVI, 605 b, 45.

Ähnlich:
198. Hermann

Kriegk 101, 2.

Ein alter italienischer Spruch zeichnet uns die schönsten weiblichen Körperteile und Eigenschaften in den verschiedenen Ländern auf. Es ist eine Abänderung eines Sprichworts bei Bebel, das wir später finden werden. Übersetzt lautet der italienische Spruch:

199. Vlämische Hüften und deutschen Rücken,
Genueser Fuß und slavisches Bein,
Französischen Witz und spanischen Gang,
Aus Siena das schöne Profil und aus Venedig die Brust,
Augen aus Florenz, goldnes Haar aus Pavia,
Wimpern aus Ferrara und Bolognesen Haut,
Und aus Verona die kleine, schöne Hand.
Aus Griechenland die edle Bewegung und die
    Muttermaale,
Aus Neapel Zähne und aus Rom den Anstand,
Und die zierliche Art aus Mailand.

Reinsberg I, 8, 23.

Elsässer, Franzosen, Italiener und Russen haben verschiedene sprichwörtliche Bezeichnungen für uns nach den Speisen, die wir angeblich mit Vorliebe essen.

In den Freiheitskriegen erhielten im Elsaß die Östreicher verschiedene solche Benennungen, die dann auf die Deutschen angewandt wurden und werden. So haben wir:

200. Rostbeutel,
201. Knepfelbüch,
202. Eierküchefresser,
203a. Pfanneküchefresser,

Gaidoz 305, 15—18.

Ebenso sagen die Wenden in der Oberlausitz:
203b. Lache dazu wie der Deutsche zum Pfannkuchen.
Reinsberg I, 13, 3.

Bei den Franzosen, die das Sauerkraut, besonders in Paris, massenhaft verspeisen, heißen wir „Sauerkrautesser":
204.   Mangeurs de choucroûte
Zeitschrift für fr. Spr. XV, 80, 40.

Bei den Italienern sind wir „Kartoffelschlucker":
205.   Tedeschi patatucchi.
Archivio I, 115, 30.

Vergleiche hiezu Nummer 106.

In Rußland heißen wir „Wurstesser", da die Deutschen zuerst die Wurst in Rußland eingeführt haben sollen, russisch:
206a. Kolbasniki.
Briefliche Mitteilung 1897.

Daher das Sprichwort in Moskau:
206b. Swaril russkij kolbasu, to oma usch naidet nemezkago
       jedaka —
Briefliche Mitteilung 1897.

Übersetzt:
206c. Hat der Russe die Wurst gehackt, so wird sie schon
       einen deutschen Esser finden.
Reinsberg I, 14, 26.

An großer Einbildung leidet der Pole, wenn er sagt:
207.   Ein polnischer Edelmann ist älter, als ein deutscher Baron.
Reinsberg II, 57, 7.

Hat der Schweizer seine Schuhsohlen durchgelaufen, so sagt er:
208a. Er goht uf der rütsche Erde.
oder:
208b. Er lauft uf de rütsche Sole.
Sutermeister 57, 5.

Im gleichen Sinne hochdeutsch:
208c. Auf deutschen Boden kommen.
Hetzel 75, 15.

und:
208d. Er läuft auf deutschen Sohlen.
Hetzel 190, 58.

Von einem Worthargen sagt der Schweizer sehr schön:
209. Er hät s' Dütsch vergässe.

Sutermeister 71, 6.

Wollen wir „weinen" umschreiben, so sagen wir: „Er lacht, wie die Nürnberger greinen". Ähnlich umschreiben die Italiener „weinen", auch „vor ohnmächtigem Zorn weinen" mit:
210a. Ridere come piangono i Tedeschi,

Passarini 278 b, 33.

210b. Lachen, wie die Deutschen weinen,

Reinsberg II, 119, 8.

und:
211. Ridere alla Tedesca;

Passarini 278 b, 34.

„Du sollst mir noch weinen" wird umschrieben mit:
212. Ich werde dich auf deutsch lachen machen!

Reinsberg II, 119, 10.

Passarini sagt, wenn Deutsche weinten, sehe es aus, als ob sie lachten, und umgekehrt.

Im Elsaß heißen die Deutschen:
213a. Schwowe.

Gaidoz 328, 16.

Ebenso in Südungarn:
213b. Schwaben.

Urquell III, 107, 44; 198, 45.

Nach seiner Lage heißt Deutschland:
214. Das Herz Europas,

Wick 161, 3.

Nur ein Wortspiel ist es, wenn in der Normandie die Bewohner von Alménêches, Arrondissement Argentan, genannt werden:
215. Les Allemands d'Alménêches.

Canel I, 117, 10.

Im XVI. Jahrhundert war folgender Spruch verbreitet, den ich deutsch und französisch belegen kann:
216a. Un senor en Espaigne,
    Un maistre en haute Bretagne,
    Un monsieur en la Franche Gaule,
    Un Fidargo en Portugalle,

Un Évesque en Italie,
Un comte en Germanie,
C'est une pauvre compagnie.
Lincy II, 101, 22.

216 b. Bischoffen in Italia,
Grauen in Germania,
Rittern in Hispania,
Sunt in magna copia
Germania XIX, 68, 39.

Die Vorlage war also wohl lateinisch.

Unser „Es flog ein Gänslein über den Rhein und kam als Giggag wieder heim" heißt auf esthnisch:

217. Schicke das Schwein nach Sachsenland [= Deutschland], wasche es mit Seife: ein Schwein kommt nach Hause und bleibt ein Schwein.
Reinsberg II, 118, 18.

Recht liebenswürdig sagt der Russe:
218 a. Sertzu budet legtsche, esli ti proklenesch nemza.
Briefliche Mitteilung 1897.
Übersetzt:
218 b. Dem Herzen wird es leichter, wenn du auf den Deutschen fluchst.
Reinsberg I, 13, 15.

Wir tragen geschmacklose Kleider, sagt der Pole; daher:
219. Er gefällt sich darin, wie der Teufel in deutscher Tracht.
Reinsberg I, 15, 5.

Im XVIII. Jahrhundert hießen die Deutschen in der Türkei „entsetzliche Ungläubige, Gotteslästerer, Slucher":
220. Gurùr Kiafir,
Archivio XII, 583, 28.

Ein alter Volksaberglaube, der die Menschen nach der Haarfarbe beurteilt, steckt im folgenden Sprichwort. Man könnte allerdings auch erklären: Rote Italiener = Kardinäle, weiße Franzosen = Erzbischöfe oder Augustiner, und schwarze Deutsche = Mönche überhaupt. Lateinisch schon 1508:

221 a. Cavendos esse traditur: Italum rufum, album Francigenam, et nigrum Alemannum.
Bebel 45, 13; Haller I, 485 a, 42; Archivio XIII, 611.

Deutsch zuerst 1541:
221b. Huet dich vor ein roten Walhen, weißen Frantzosen, vnd schwartzen Teutschen.

Franck I, Blatt 81a, 9; Sprichwoerter 340a, 3; Henischius, Spalte 1191, 52; Klosterspiegel 19, 18; Simrock 550, 15; Körte 497, 13; Reinsberg I, 7, 1; Haller I, 484a, 1.

Rote Haare werden den Deutschen zugeschrieben im französischen Sprichworte:
222. Rou [= roux] comme un Allemand.

Lincy I, 279, 14; Gaidoz 326, 10.
[Aus dem Anfang des XVII. Jahrhunderts.]

Die folgenden Sprichwörter prägen deutlich die Lehre ein: Trenne dich nicht von deinem Volke! Deutsch:
223a. Ein deutscher wal ist ein lebendiger Teuffel.

Henischius, Spalte 684, 55.

223b. Ein italienisch gewordener Deutscher ist ein Teufel in Menschengestalt.

Reinsberg I, 20, 23.

Italienisch:
223c. Tedesco ⎱ italianato,
      Inglese ⎰
diavolo incarnato.

Körte 497, 16.

224. Hüte dich vor einem deutschen Wälschen.

Simrock 550, 14; Reinsberg I, 28, 8.

225. Wälsch Blut
Thut keinem Deutschen gut.

Simrock 550, 19.

226. Die deutschen Walhen lachen über einen Zahn.

Reinsberg I, 28, 10.

Zum Schlusse noch ein medizinisches deutsches Sprichwort:
227. Der Stein ist der Deutschen, das Zipperlein der Engländer Krankheit.

Simrock 466, 23; Reinsberg I, 7, 9.

II.
Die einzelnen deutschen Stämme.

Da die Wohnungsgrenzen der deutschen Stämme zu verschiedenen Zeiten so verschieden waren, da auch der Stammname zu ver=
schiedenen Zeiten verschiedene Stammangehörige umfaßte und um=
faßt, so nehme ich Abstand von einer Einteilung und Reihenfolge nach dem Sitze der Stämme und habe die alphabetische Reihenfolge gewählt.

Naturgemäß treten hier die fremdsprachlichen Sprichwörter zurück und die deutschen überwiegen.

Allgäuer.

Von diesen weiß ich nur zu melden, daß sie früher im Rufe der Grobheit standen und gerne viel tranken, wie alle Deutschen. Das zweite Sprichwort meldet uns auch ihre Lieblingsspeise.

Aus dem Jahre 1541:

228. Ein grober Algewer bauer.
        Franck II, Blatt 49 b, 8; Alemannia VII, 30, 25.

Aus dem Jahre 1716:

229. Leicht zu ladene Gäst.
    Ein Wahlen zum Salat,
    Ein Schwaben, da man Sträuble hat,
    Ein Schweitzer zu einem Käß,
    Ein Bayer zu der Aderläß,
    Ein Tyroller zu Nudl und Nocken,
    Ein Allgayer [zu] süße[r] Milch und weis Brocken,
    Ein Sahsen zum Speck und zum Schüncken.

Darffst nit vil bitten oder wincken:
Zulegt wöllen all fauffen und nit trinken.

Alemannia XXV, 92, 5.

Badener.

Die folgenden Sprichwörter sagen uns nichts vom Charakter der Badener. Es sind nur sprichwörtliche Redensarten, mit Ausnahme des ersten, eines Spitznamens.

Canel behauptet nämlich, in Deutschland hätten die Badener den Spitznamen (sobriquet) Normannen:

230. **Normands.**
Canel I, 85, 29.

«Normand» bedeutet im Französischen „geriebener Kerl, Pfiffikus".

Einige schweizerische Redensarten:

231. Gang besser übere wo's Badisch ist!
Sutermeister 22, 25.

Um einen abzuweisen; werden hier die Badener für dümmer angesehen als die Schweizer?

Nur wegen des Reimes erscheint Baden in beiden folgenden:

232. Er hat Wade wie s' Hündli vo Bade.
und:
233. Er het Wade gros abe wie de Hans vo Bade
Sutermeister 106, 16 und 17.

Aus der alten Kleinstaaterei scheint zu stammen:

234. Was zu Baden geschieht, muß man zu Baden liegen lassen.
Trenkler 192, 7.

Ein bloßer Kinderreim ist wohl:

235. Hotto, Hotto, Rößle, z' Baden ist ein Schlößle.
Betzel 148, 25.

234 und 235 können sich auch auf die Stadt Baden beziehen.

Bayern.

A. Günstiges.

1. Ehrlichkeit.

Hier ist nur ein Sprichwort einschlägig, herrührend von den Bayern am Lechrain:

236. Der Baier ist grob und ehrlich,
Der Schwab ist bschissa und höflich.

Alemannia I, 100, 25.

2. Gutmütigkeit.

Auch hier kann ich nur mit einem Sprichwort aufwarten. Die Gutmütigkeit der Bayern erhellt wohl aus:

237. Gott ist kein Baier, er läßt sich nicht spotten.

Simrock 180, 16 und 32, 21; Reinsberg I, 61, 28.

B. Ungünstiges.

1. Unbeholfenheit, Plumpheit.

Aus England wird uns ein lateinisches Sprichwort des XIV. Jahrhunderts überliefert, das die Stumpfheit der Bayern erwähnt:

238. Invidia Judaeorum; ira Britonum; perfidia Persarum; spurcitia Slavorum; fallacia Graecorum; rapacitas Romanorum; astutia Aegyptiorum; prudentia Hebraeorum; saevitia Saracenorum; stabilitas Persarum; solertia Aegyptiorum; levitas Caldaeorum; sapientia Graecorum; varietas Affrorum; gravitas Romanorum; gula Gallorum; largitas Longobardorum; vana gloria Longobardorum; sobrietas Gottorum; crudelitas Hunorum; sagacitas Caldaeorum; inmunditia Sabinorum; ingenium Affricorum; ferocitas Francorum; firmitas Gallorum; stultitia Saxonum; fortitudo Francorum; hebetudo Bavariorum; instantia Saxonum; luxuria Vascanorum; agilitas Walcarorum; vinolentia Hispaniarum; magnanimitas Pictorum; duritia Pictorum; hospitalitas Britonum; argutia

Hispaniarum; libido Suevorum; duritia et superbia Pictavorum.

Wright I, 127, 14.

2. Großheit.

Siehe Nummer 236.

3. Unehrlichkeit.

Die Bayern standen früher im Rufe, große Diebe zu sein; das Sprichwort ist jetzt veraltet.

Die älteste Stelle ist aus dem Jahre 1609. Ich setze sie ganz hieher:

239a. Man sagt auch von den Swaben, das sie gar nahe zur vnkeuschheit geneigt vnd die Weiber lassen sich gar leichtlich von den Mennern überreden jnen zu willfaren vnd daher ist das kurzweilig sprichwort entstanden, daß das Swaben Landt dem gantzen Teutschland thorechter Weiber genug gebe, wie das Franckenlandt reuber und bettler, das Bayerland dieb, Schweigerland krieger, Sachsen seuffer, Westphalen und Friesland Eisbrecher und der Rheinstrom Fräß.

Alemannia VI, 288, 7.

239b. Schwaben giebt der ganzen Welt Huren genug und Baiern Diebe.

Simrock 459, 12; Körte 405, 54;
Reinsberg I, 65, 17; Alemannia I, 92, 44.

4. Unreinlichkeit, Unanständigkeit.

Im Mittelalter standen die Bayern im Rufe der Unreinlichkeit:

240. Also sprechen wir: die Walchen sind ernsthaft, die Kriechen sind leychtfertig, die in Africa hynderlistig, die Gallos trätzig, die Hebrayschen weiße, die Schwaben grob, die Parren unsauber mit ihren Dingen.

Alemannia I, 100, 50.

Srüher war in Bayern große Schweinezucht. Weil nun der Eber, das Schwein in verschiedenen deutschen Mundarten ber, beier, peier heißt (Alemannia IV, 157, 1), plattdeutsch Bier „der Eber"

"Kainis 134, 3" und „bär" der junge Eber, vergl. altenglisch bar, mittelenglisch boor, neuenglisch boar, so entstand sehr bald der Witz und das Sprichwort, die Bayern Säue und Baiersäue zu nennen. Schon im XVI. Jahrhundert haben wir daher die sprichwörtliche Redensart:

241 a. **Ein Sau für ein Bayer** (ansehen), **ein Nuß für ein Schwaben.**

                                Schrader 115, 18.

Die Bayern sind:

241 b. **Säue,**

241 c. **Baiersäue**

                                  Reinsberg I, 61, 19.

Schweizerisch:

241 d. **Wenn d' mer de Gfalle thuest, so muest dänn emol e Frau ha und wenn si müeßt Ohre ha wie - n e Baiersöu.**

                                  Sutermeister 102, 26.

und

241 e. **Roths Hoor hend d' Baiersöu.**

                                  Sutermeister 139, 33.

Das bayerische Landschwein hat in der That hinten rotbraune Haare.

Ein drittes schweizerisches Sprichwort gehört noch hieher:

242. **Er frißt's vo Hand wie de Baier d'Bire.**

                                  Sutermeister 43, 27.

3. Pöllerei.

Den Ruf des vielen Trinkens hat der Bayer mit seinen anderen deutschen Stammesgenossen gemein; vergl. Nummer 229.

Schon im Jahre 1616 finden wir das Sprichwort:

243. **Sachs, Bayr, Schwab vnd Franck,**
     Die lieben alle den tranck.

                Benischins, Spalte 224, 27 und 1101, 54;
                Kriegk 103, 14; Simrock 497, 28; Reinsberg I, 60, 3.

Eine andere Lesart von Nummer 146 ist das folgende Sprichwort, wonach der Bayer vorzüglich das Bier liebt:

244. **Wenn der Däne verläßt seine Grütze,**
     Der Franzos seinen Wein,

Der Schwab seine Suppen,
Und der Baier das Bier:
So sind verloren alle vier.
Reinsberg I, 68, 25; Alemannia I, 101, 26; Gaidoz 7, 25.

C. Verschiedenes.

Daß es früher in Bayern gebräuchlich war, sich von Zeit zu Zeit Blut abzapfen zu lassen zur angeblichen Regelung des Gesundheitszustandes, ersehen wir aus Nummer 229. Dieser Gebrauch beschränkte sich übrigens nicht auf Bayern.

Nummer 237 kann auch als Neckerei aufgefaßt werden, die auf die Dummheit der Bayern anspielen will.

Auf einem Wortspiel mit bayer. „speicheln" beruht das in Frankreich im XVI. und XVII. Jahrhundert sehr gebräuchliche Sprichwort:

245. Aller en Bavière.
Revue de linguistique XVII, 113, 20;
Mélusine IV, 522, 27.

Es war ein verhüllender Ausdruck für: „Sich einer Kur gegen die Syphilis unterziehn"; letztere wurde nämlich damals mit schweißtreibenden Mitteln behandelt.

In Tirol heißen die Bayern, wegen ihrer Lieblingsspeise sowohl, wie wegen des oft bedeutenden Körperumfangs:

246. Dampfnudeln,
Kriegk 96, 25.
im Elsaß:
247. Dampfnudelfresser.
Gaidoz 325, 7.

Den Anfang eines bösen Spottverses, den ich wohl ganz bringen könnte, hat Sutermeister:

248. Hellblau — ist bairisch.
Sutermeister 30, 33.

Kriegk sagt, man necke die Bayern mit dem Ausdrucke:

249. Der baierische Hänsel
Kriegk 101, 4.

Das ist aber entschieden ein Schreib- oder Druckfehler für den im vorigen Jahrhundert berüchtigten Jäger „der bayrische Hiesel". [Aus Mathiesel.]

Die Rolle des Unverständlichen, Fremden, wie in den Nummern 184—188 das Deutsche, spielt in einem altprovenzalischen Sprichworte die Sprache der Bayern:

250. Anc no vi Breto ni Baivier | que tan mal entendre
 fezes cum fai home lag messorguier.

Cnyrim 53, b.

Das folgende Sprichwort zerfällt in zwei Teile. Die Bayern sagten zuerst über die Schwaben den ersten Teil, dann antworteten die Schwaben mit dem zweiten Teil:

251. Schwäbisch ist gäbisch,
 Bairisch ist gar nichts.

Simrock 459, 18; Reinsberg I, 67, 19.

Wenn Reinsberg hier gäbisch „ungeschickt, linkisch, tölpelhaft" von äbich „verkehrt", ahd. apuh, apah aversus, mhd. ebech, ebich tortus, oblignus, bayr. abech, verkehrt, schwäb. äbig, mit „der vorgesetzten Partikel ge" ableitet, so ist diese Ableitung schon im Grimmschen Wörterbuch abgethan, wo gäbisch zu gampen „lustig springen" gestellt wird, jedenfalls über die Bedeutung „närrisch sein" hinweg.

In diesen Kreis gehört auch:

252. Man hört gar bald, wenn Einer ein Schwab oder ein Baier ist.

Simrock 459, 25.

Die Quelle von Nummer 200 ist das zuerst bei Bebel 1508 überlieferte:

253a. Ea mulier omnibus dotibus naturae et formae praedita est, quae habeat caput ex Praga, ubera ex Austria, ventrem a Gallia, dorsum ex Brabantia, ex Colonia Agrippina alba crura et manus, pedes a Rheno, pudibunda ex Bavaria et nates ex Suevia; et sic perfecte formosa erit, quod variae sint dotes naturae variis in locis et regionibus.

Bebel 46, 7; Reinsberg I, 9, 12; Archivio XIII, 611.

Deutsch in zwei Gestalten:

253b. Eine Hut, Haut von Behaimland,
 Und zwei Aermlin von Brawant.
 Und zwei Brüstlin von Swaben her,
 Die Wangen als von Sper [= Speyer],

Und ein Buch (Bauch) von Österrich,
Der ist slichte und gelich,
Und ein Ars von Polen,
Sam ein bairisch Fut daran,
Und zween Füeß von dem Rhin:
Das mocht' ein hübsche Wirtfraun sin.

Reinsberg I, 9, 1.

und
253c. Soll die Jungfrau sein fein, so muß sie den Kopf haben von Prag und die Füße vom Rhein, die Brüst' aus Oesterreich im Schrein, aus Frankreich den gewölbten Bauch, aus Baiernland das Büschlein auch, Rücken aus Brabant, Händ' aus Köln, den Arsch aus Schwaben küßt ihr Gesell'n.

Kainis 100, 16.

Jetzt ist das Sprichwort zum Glück veraltet, ebenso auch das folgende, das schon bei Luther vorkommt und auf die Kriege zwischen Östreichern und Bayern bezug nimmt:

254. Würde man östreichisch und bairisch Blut in einem Topfe sieden, es schiede sich von einander.

Witz 7, 8; Kriegk 107, 7; Reinsberg I, 63, 23.

„Herzog Otto in Baiern hatte 1311 und nach ihm Herzog Albrecht 1557 dem Adel und der Ritterschaft ... auch die Wildbahn [= Jagd] oder das Recht verliehen, auf fremdem Boden und sogar in landesherrlichen Forsten zu jagen." Darauf bezieht sich das jetzt zum Glücke gleichfalls veraltete:

255. Die Edelleute in Baiern mögen jagen, so weit sich das Blaue am Himmel erstreckt.

Simrock 52, 22; Reinsberg I, 61, 30.

Elfäffer.

Über die Elsässer kann ich nur ein Sprichwort anführen, nämlich Nummer 71b, welches die Franzosen auch auf sie anwenden.

Franken.

A. Günstiges.

1. Tapferkeit.
Von der Tapferkeit der Franken erzählt Nummer 238.

2. Freundestreue.
Sie waren treue Freunde:
256. Einen Franken soll man sich zum Freund, aber nicht zum Nachbar wünschen.
Simrock 119, 26; Körte 111, 11.

3. Wandertrieb.
Wie von den Schwaben, so sagte man von den Franken:
257. Die Franken und bös Geld führt der Teufel in alle Welt.
Kriegk 105, 26.

B. Ungünstiges.

1. Wildheit, rauhes Wesen.
In Frankreich findet sich schon in einer Handschrift des XI. Jahrhunderts, was wir in Nummer 238 aus einer englischen des XIV. Jahrhunderts lesen:
258. Ferocitas Francorum
Canel I, 2, 20.

Auch in der Kudrun ist ihre Wildheit bereits sprichwörtlich:
259a. Er kônte im sît sô hôhe, sam eine wilden Sahsen oder Franken.
Kudrun 28, 8.

259b. So wolde ich in niht mêre getrouwen, danne eine wilden Sahsen.
Kudrun 138, 29.

2. Raub, Diebstahl, Bettelei.

Wie die zwei vorhergehenden Nummern, so gehören auch die folgenden der Vergangenheit an und haben nur mehr kulturgeschichtlichen Wert. Nummer 239a sagt uns, daß die Franken früher im Rufe der Raubsucht und Bettelei standen. Durch Rauben hatten sie ihren Gesichtssinn sehr ausgebildet; daher ist bereits 1541 das Sprichwort verzeichnet:

230. Du sihst scherpfer dann ein fränckischer reuter | der siher durch einn neunfachen kittel wie vil gelts einer im seckel hab.

Franck I, Blatt 40b, 4; Simrock 598, 3;
Körte 577, 22; Reinsberg II, 122, 17.

Daher wird uns die Bedeutung des zweiten Teiles von Nummer 256 klar.

3. Völlerei.

Hieher gehört Nummer 243.

C. Verschiedenes.

Von den kriegerischen Thaten der Franken erzählt das bis ins Ende des XVI. Jahrhunderts lebendige Sprichwort:

231. Lissabon ist die Residenz der Franken,

Wick 168, 22.

In ähnlichem Zusammenhange galt:

232. Zu den erschlagenen Franken gehört eine große Hölle.

Simrock 119, 28.

Soll das folgende Sprichwort bedeuten: Er ist nur mit dem Munde tapfer?

233. Er ist ein Maulfranke.

Körte 515, 55.

Von dem ausgedehnten Anbau guten Weins gibt Zeugnis der alte lateinische Spruch:

234a. Bonum vinum Franconum,
    Melius Mosellanum;
    Vinum tamen optimum
    Vinum est Rhenanum.

Beilage 1898, Nummer 156, 5b, 58.

In deutscher Form:
254b. Neckarwein Schleckerwein,
Frankenwein Krankenwein,
Rheinwein mein Wein!
Kriegk 105, 5; Simrock 545, 15; Reinsberg I, 72, 7.

Bereits im Jahre 1633 bezeichnete man das, was «nicht mehr in communi loquendi usu» war, mit:

255a. Altfränkisch
Beilage 1898, Nummer 64, 3a, 17; Kriegk 94, 32; Reinsberg II, 125, 19; Alemannia I, 90, 12; Trenkler 188, 21; Hetzel 10, 24.

oder:
255b. Fränkisch,
Alemannia I, 90, 12.

Spottend sagt man es jetzt mit einer gewissen Geringschätzung von dem, was nicht mehr der Gegenwart angehört oder mit ihr übereinstimmt; „doch hat altfränkisch vor altmodisch noch den Nebenbegriff der ehrbaren Tüchtigkeit voraus".

Ich bringe schließlich noch einige Sprichwörter, in denen unter „Franken" nicht die Angehörigen eines bestimmten deutschen Stammes, wie bisher, verstanden werden, sondern die Bewohner des sogenannten gebildeten Europas. Diese Geltung hat der Name Franken im Morgenlande, ja schon in der Türkei und in Griechenland.

Zunächst zwei türkische:
256. Kein Franke geht mit Geld aus der Türkei;
Reinsberg II, 91, 6.
und:

257. Pour ce qui est des armes, le sabre a été donné à l'Ottoman, la lance à l'Arabe, le mousquet au Franc, la flèche au Persan, la fronde [= Schleuder] au Turcoman.
Decourdemanche 107, 15.

Dann zum Schlusse zwei neugriechische Sprichwörter:
258. Τρώγει τὸ ψωμί   Speise τοῦ Τούρκου, καὶ παρακαλεῖ γιὰ τοὺς Φράγκους. [Von untreuen Dienern und Freunden.]
Arabantinos 131, 38; Benizelos 327, 5.

269. Σὰν ὁ Τοῦρκος μὲ τὸ Φράγκο τὰ πηγαίνουν. [Von Un=
einigen.]
Benizelos 269, 10.

Friesen.

Die Friesen werden schon in einem Sprichwort des XII. Jahr=
hunderts erwähnt, wo von einem ihrer Fürsten, Radbod I [† 718],
die Rede ist, der der Verbreitung des Christentums sich entgegen=
stemmte:

270a. Radbodo Freso facit decretum nemine secum;
Et sine rege, caput procerum laudabile nulli.
Germania XVIII, 340, 8; Egbert 101, 6.

270b. Der Friese Radbod erläßt eine Verordnung, trotzdem
niemand auf seiner Seite stand, Selbst ohne Zustimmung
des Königs — ein Fürst, den keiner loben wird.
Egbert 102, 10.

Im XIV. Jahrhundert waren die Friesen wegen ihres Reichtums
berühmt:

271. Qui franchise vend pour avoir
Bien dessert à souffrance avoir.
L'or et l'argent de toute Frise,
Ne d'Altemont ne vaut franchise.
Lincy I, 393, 6.

Daß die alten Friesen in großer Einfachheit lebten, beweist ein
Sprichwort vom Jahre 1691:

272a. Sauhn Werter, ohle Tzise uhn frische braude, wissen in
ohlen tyden di Fresen gestebohde.
Kern, 91, 10.

Übersetzt:

272b. Gesundes Wasser, alter Käse und frisches Brod waren
in alten Zeiten der Friesen Gastmahle.
Kern 91, 13.

Die Friesen haben ein starkes Rechtsbewußtsein:

273. Ostfreesland is geen Land van Gewalt (Macht), man'n
Land van Recht.
Kern 12, 25.

Die Dummheit der Friesen wurde schon 1691 bespöttelt:

274a. Ohn Freesk Wuff sah opt finster ain aipen staan,
quidde: Heere, wat wert all maakt far't Freske vloe.

Kern 102, 34.

Übersetzt:

274b. Ein friesisches Weib sah im Fenster einen Affen stehen und sagte: Herr, was wird alles gemacht für's friesische Geld.

Kern 102, 36.

Böses sagte man ihnen im XVII. Jahrhundert nach; siehe Nummer 239a.

Wohl nichts weiter als ein erdichteter Rechtsspruch ist:

275. Dremâl is Ôstfrese regt.

Dirksen II, 20, 3.

Ähnlich:

276. 't is'n gode Mode in Oftfreesland, de neet eten will, de höft (braucht) neet.

Kern 12, 25.

Im XVII. Jahrhundert war die friesische Viehzucht berühmt:

277. Mouton de Brabant, bœuf de Gueldres, chapon de Flandres et vaches de Frise.

Lincy I, 283, 14.

Sehr erfahren waren die Friesen in der Kunst, Dämme zu bauen, überhaupt Arbeiten an Flüssen zu machen, so daß diese Arbeiter auch Friesen hießen, mochten sie auch nicht dem Stamme nach welche sein. Was wir „spanische Reiter" nennen, bezeichnen Engländer und Romanen als:

278. Friesische Pferde.

Reinsberg II, 121, 10.

In Friesland, wie im Norden Deutschlands überhaupt, wird nicht in dem Maße gesungen wie im Süden; daher der alte Spruch, der auch von Holstein gesagt wird:

279. Frisia non cantat.

Kriegk 104, 15; Beilage 1897, Nr. 286, 3a, 39.

Mit der Beschaffenheit des Landes, das am Rande am fruchtbarsten ist, befaßt sich der Spruch:

280a. Ostfriesland ist ein Pfannkuchen, der Rand ist das beste daran.

Briefliche Mitteilung 1897.

Plattdeutsch:

280b. Oostfreesland is as'n Pankoken, de Rand is't beste.

Schröder 44, 27.

Mit der friesischen Mundart befassen sich die zwei nächsten Sprichwörter, mit denen ich schließe.

Aus dem Jahre 1691:

281a. In Freeslauhn itet man Brugge, gungt up Mühlen uhn hailt di Schaipen in di Sack.

Kern 12, 21.

281b. In Ostfreesland eten se Brüggen (= 1. Brücken, 2. Butterstullen), lopen up Mühlen (1. Mühlen, 2. Pantoffeln) un hebben Schapen (1. Schafe, 2. Münzen zu zwei Stüber = 1 Sgr. 1 ⅓ Pf.) in de Taske —

Kern 12, 16 und 94, 16.

Ein englisches über die Verwandtschaft der beiden Sprachen:

282a. Gooid brade, botter and sheese, is gooid Halifax, and gooid Frieze.

Hazlitt 158, 9.

282b. Bread, butter, and green cheese, is very good English, and very good Friese.

Hazlitt 100, 29.

Hannoverer.

Über die edlen Hannoverer kann ich nur ein Sprichwort bringen, das sie als Prahler hinstellt:

283. Ick laat wat upgahn — seggt de Hannoveraners.

Schröder 52, 13.

Hessen.

A. Günstiges.

1. Mut, Tapferkeit.

„Die Hessen hörte ich von sich selber sagen:
284. Wir sind Hessen, Wir lassen uns nicht fressen."
Briefliche Mitteilung 1897.

Aus der Zeit des dreißigjährigen Krieges soll stammen:
285. Die Hessen, die besten.
Körte 215, 5; Reinsberg I, 63, 5.

2. Thatkraft, Ausdauer, Genügsamkeit.

Diese drei Eigenschaften sind ausgedrückt in dem Sprichwort:
286. Wo Hessen und Holländer verderben,
Wer wollte da Nahrung erwerben!
Kriegk 105, 25; Simrock 216, 11; Reinsberg I, 62, 18.

B. Ungünstiges.

Zunächst stelle ich hier alle Sprichwörter über den „blinden Hessen" zusammen und bringe dann die Erklärungsversuche.

Noch im XVI. Jahrhundert hießen die Hessen:
287a. Hundsheffen
Liebrecht 21, 15.

Noch heute heißen sie:
287b. Blinde Hessen
Kriegk 99, 2; Schambach 20, 12; Liebrecht 21, 12.

Weiter heißt es:
287c. Die Hessen können vor Neun nicht sehen.
Simrock 216, 17; Körte 215, 8; Reinsberg I, 63, 5.

Schon nicht mehr von Hessen selbst, sondern anderen Stämmen Angehörigen gilt:
287d. Darauf los wie ein blinder Hesse!
Simrock 216, 18; Reinsberg I, 62, 24.

und:

287e. Er geht blind darauf los, wie ein Hesse.
  Reinsberg I, 62, 31.
sowie
287f. Er läuft wie ein Hesse;
  Reinsberg I, 62, 25.
Daraus wird dann das Schimpfwort, wiederum natürlich gegen Nichthessen:
287g. Blinder Hesse.
  Körte 215, 9; Trenkler 48, 8; Hetzel 55, 17 und 110, 10; Briefliche Mitteilung 1897 aus Westfalen.
Preußisch:
287h. He öß e blinder Heß.
  Frischbier I, 115, 10.
Bergisch:
287i. Blenge Heß.
  Urquell II, 208, 32.
Elsässisch:
287k. E blinder Héß.
  Schmidt 50b, 25.

Eine alles berücksichtigende Erklärung der in Nummer 287 zusammengefaßten sieben Sprichwörter ist noch nicht versucht worden. Bei genauer Betrachtung trennen sie sich in drei aufeinanderfolgende Gruppen I. a, b, c. II. d, e, f. III. g, h, i, k. Die erste Gruppe ist die älteste. Man wandte a, b, c auf die Hessen an, weil diese eine Stammsage hatten, wonach sie von Hunden abstammten. Das Gleiche können wir bei den Schwaben beobachten. [Siehe hiezu Liebrecht.] Die Aino und die Tschippewähindianer leiten, wie auch andere Völker, ebenfalls ihre Abstammung von Hunden her. [Wich 39, 20 und 41, S.] Das Wappentier der Hessen wird als Katze oder Hund gedeutet. Hunde sind bis einige Zeit nach der Geburt blind. Abzuweisen ist Reinsbergs Ableitung von dänisch «Hess», Pferd! — Die Sage von der Abstammung von Hunden erlosch, wie so manche andere, und das Sprichwort blieb. Was lag nun näher, als das Sprichwort mit Benutzung der Redensart „blind auf etwas losgehen" um- und auszudeuten, und unter „blinden Hessen" die kühn und tapfer auf ihr Ziel losgehenden Hessen zu verstehen, zumal sie sich ja wirklich, wie z. B. in Amerika, durch Tapferkeit auszeich-

neten? Dies ist die zweite Gruppe der Nummer 287, d, e und f. — In der Neuzeit wurde nun größere Betonung auf das „blind" gelegt: man sagte, er macht es wie die blinden Hessen, und nannte dann den Ungeschickten, der es so macht, den Tölpel, der nichts oder wenig sieht, selbst einen „blinden Hessen". So wird Nummer 287 g und die gleichbedeutenden h, i und k heutzutage ausschließlich gebraucht.

Vom bösen Hausen der hessischen Soldaten im dreißigjährigen Kriege rührt der Vorwurf des Diebstals gegen die Hessen her:

288. Wo ein Hesse in ein fremd Haus kommt, so zittern die Nägel an den Wänden.

Simrock 216, 13; Körte 215, 5; Reinsberg I, 63, 7.

Die Hessen sind jähzornig, hitzig:

289. Speirer Wind,
Heidelberger Kind,
Hessen-Blut
thun selten gut.

Kriegk 104, 8; Simrock 457, 13; Körte 419, 18; Reinsberg I, 107, 25.

Auf frühere Streitigkeiten mit benachbarten Stämmen gründet sich:

290 a. Drauf los! es ist ein Hesse!

Simrock 216, 19; Schambach 20, 14; Reinsberg I, 62, 26.

Plattdeutsch:

290 b. Drup, et is en Hesse!

Schambach 20, 13.

C. Verschiedenes.

Hieher gehören zwei geographisch-wirtschaftliche Sprichwörter über Hessen:

291 a. Das Land zu Hessen
Hat rauhe Berg' und nichts zu essen,
Große Krüge und sauren Wein:
Wer möchte im Lande zu Hessen sein?
Wenn die Schlehen und Holzäpfel mißrathen,
Haben sie weder zu sieden noch zu braten.

Kriegk 105, 7; Simrock 216, 5; Reinsberg I, 62, 6; Trenkler 48, 6 und 7 [nur die ersten vier Zeilen und

auch diese noch fälschlich in zwei Sprichwörter ab=
geteilt!]; Hetzel 140, 41 und 42 [= Trenkler];
Briefliche Mitteilung 1897.

In kürzerer Fassung als schwäbischer Ofenspruch:
291b. Ich bin gewesen in Hessen,
 Da giebt's große Schüsseln,
 Aber wenig zu essen.
Alemannia IV, 245, 18.

Ganz kurz:
291c. Im Lande Hessen
 Große Schüsseln, wenig Essen.
Reinsberg I, 62, 29.

Das andere Sprichwort dieser Gattung ist schließlich das, welches
Kriegk aus dem „alten Winkelmann" anführt:
292. Hessen hat 12 W's: Wasser, Wald, Waid, Waizen,
 Wachs, Wein, Weiden, Weiher, Werg (d. i. Flachs),
 Wiese, Wild und Wolle.
Kriegk 117, 20.

Holsteiner.

Auf die geschichtliche Vergangenheit der Holsteiner bezieht sich
das Sprichwort:
293. Die Holsten vertheidigen ihr Recht mit dem Schwert.
Simrock 225, 10; Reinsberg I, 63, 23.

Will einen der Holsteiner verwünschen, so umschreibt er es so:
294. Du schallst grönen un bloihen as'n Torffoden, is of 'n
 Wunsch — seggt se in Holsteen.
Schröder 52, 30.

Ein geographisches Sprichwort:
295. Holstein ist ein wollener Mantel, dessen beide Seiten mit
 Sammt verbrämt sind [= Geest und Marschen].
Kriegk 103, 14.

Im gleichen Sinne, wie von den Friesen in Nummer 279, heißt
es von den Holsteinern:
296. Holsatia non cantat,
Gegenwart 1897, 297b, 24.

Das letzte Sprichwort, das ich von den Holsteinern bringe, kann ich nicht erklären:
297 a. Juchhe, Lebensort, Hemd' ut de Bür! seggen de Holstêner.
Kainis 71, 1.

297 b. Juchhe, Lebensart. Hemd uut de Bür! — seggt de Holstêner.
Schröder 31, 18.

Lothringer.

Wie alle Grenzbewohner, so haben auch die Lothringer von ihren Nachbarn, den Deutschen und den Franzosen, nur die schlechten Eigenschaften angenommen. Die Sprichwörter wissen daher nur wenig Günstiges über sie zu vermelden. Im folgenden bringe ich daher nur zwei günstige Aussagen über sie, von denen die erste nur von einer Fertigkeit der Lothringer spricht, und die zweite eben nur ihre Gescheidigkeit hervorhebt, die sie nach den nächstfolgenden Sprichwörtern nur in malam partem anzuwenden scheinen.

Im XIII. Jahrhundert hieß es:

298. Li meillor danseor (sont) en Loheraine.
Liney I, 360, 7: Gaidoz 212, 12.

Ihre Klugheit und Schläue wird ausgedrückt durch das ebenfalls französische Sprichwort:

299. Il faut voir, disent les Lorrains.
Gaidoz 211, 17.

Im Mittelalter standen sie im Rufe der Treulosigkeit:

300. Foi de Normand, vérité de Gascon, perfidie de Lorrain, entêtement de Bourguignon, franchise de Picard, simplicité de Champenois, ladrerie de Juif, etc.
Gaidoz 105, 2.

Im XVI. Jahrhundert galten sie als gefährlich:

301. Les carouses [= Streitigkeiten, Kämpfe] sont plus dangereuses en Lorraine qu'en Allemagne.
Liney I, 360, 14.

Weit verbreitet ist das Sprichwort:

302a. Lorrain vilain, traître à Dieu et à son prochain.
Mésangère 346, 7; Reinsberg II, 131, 10; Gaidoz 212, 1; Zeitschrift für franz. Spr. XV, 93, 41.

302b. Lorrain mauvais chien, Traître à Dieu et à son prochain.
Lincy I, 360, 3; Gaidoz 211, 20.

302c. Lorrain, traître à son roi et à Dieu même.
Paul Bourget, Le Disciple, 100.

In einer geradezu entsetzlichen Form bringt Dr. Leonhard Freund das Sprichwort:

302d. Lorrain malin; traite Dieu et soi-même. [!!]
Neuphilologisches Centralblatt VI, 262, 25.

Dieses Sprichwort bezog sich ursprünglich ja vielleicht auf geschichtliche Vorgänge aus der Zeit der Kämpfe der Guisen, wurde dann aber ausschließlich auf die Lothringer angewandt.

Gleiche Bewandtnis soll es mit dem folgenden haben:

303. Weich, wie die Feiglinge aus Lothringen,
Reinsberg II, 131, 18.

Wie die Deutschen, so heißen auch die Lothringer in Frankreich: «Tête carrée»; siehe Nummer 71b.

Bös spielt ihnen folgendes Sprichwort mit:

304. Lorrain, prête-moi ton lard? — Non, ça s'use. — Prête-moi ta femme? — La voilà.
Lincy I, 360, 5; Revue de linguistique XVII, 108, 13.

Die Elsässer sagen von den Lothringern, sie seien schlimme Menschen:

305. Mit de Luthringer isch nit güet Kéjle (Kegeln),
Ratgeber 38, 10; Gaidoz 212, 7.

Aus allem wissen sie Nutzen zu ziehen:

306. Lorrains, dégraisseurs de soupe à soldat
Gaidoz 212, 4.

Auf frühere Rechtsverhältnisse spielt jedenfalls das Sprichwort aus dem XVI. Jahrhundert an:

307. Les femmes hayent [= hassen] les arrêts de Lorraine qui sont par semblant et au plus près du droict.
Lincy I, 360, 11.

Zum Schluß zwei Sprichwörter, die sich auf Lothringer Land, Lothringer Wein und Lothringer Wasser beziehen:
308. L'hiver passe par Lorraine en France.
              Lincy I, 360, 10.
und:
309. Les vins de Bassigny et de Lorraine ne portent point d'eau ny l'eau de vin.
              Lincy I, 360, 16.

Beide Sprichwörter wurden schon im XVI. Jahrhundert aufgezeichnet.

Mecklenburger.

Die Deutschen haben die Mecklenburger mit Sprichwörtern karg bedacht; ich kann nur eines anführen, das uns über die Mecklenburger nichts sagt, als daß sie gern scherzen:
310. De Gööse gaht allerwegn barfoot — seggt de Mecklenberger.
              Schröder 42, 11.

Pfälzer.

Der „leichte Sinn" der Pfälzer kommt zur Darstellung in Nummer 289.

Seit dem XV. Jahrhundert war das Sprichwort gebräuchlich für „vieles Trinken":
311 a. More Palatino bibere,
              Kriegk 105, 11.
311 b. Wie ein Pfälzer trinken
              Kriegk 105, 10.

Aber bereits 1840 wird er als „verschwunden" bezeugt.

Schon aus dem Jahre 1816 liegt das noch gebräuchliche Sprichwort vor, dessen Anfang ja allerdings rein geographisch, dessen Schluß aber für den Stolz der Pfälzer bezeichnend ist:
312. Hätte der Pfälzer auch Holz
   So wäre derselbe noch viermal so stolz.
Alemannia VIII, 83, 5; Kriegk 105, 4; Simrock 590, 16.
[Die beiden letzteren setzen fälschlich noch „Wiesen" zu Holz hinzu.]

Schließlich von den Pfälzerinnen noch, daß sie wegen der Schönheit ihrer Wangen berühmt waren; siehe Nummer 253b.

Pommern.

Über die Pommern, die Landsleute des bekannten „pommerschen Grenadiers", weiß das Sprichwort gar nichts Günstiges zu sagen. Dagegen treten hier die ungünstigen Eigenschaften desto mehr hervor. Sie sollen arge Säufer sein. Thut einer einen tiefen Zug aus dem Glase, so heißt es:

313a. Ein pommerischer Trunck,
     Kriegk 105, 15; Beilage 1897, Nr. 268, 7a, 72.
oder:
313b. Ein pommerscher Schluck.
     Körte 360, 31; Reinsberg I, 97, 27; Trenkler 115, 8.

Ähnlich:
314. Er hat einen pommerischen Magen,
  Er kann Kieselsteine vertragen.
     Simrock 313, 29; Körte 505, 24 [fügt Eisen hinzu!]; Reinsberg I, 98, 3; Trenkler 85, 21 [= Körte].

In verschiedenen Gegenden Deutschlands ist
315. Pommer
     Kriegk 88, 15; Spieß 25, 23.
soviel als Dummkopf, im Fränkischen aber auch soviel wie „kleiner, dicker Mensch"; ein Esel ist daher aus:
316. Pommerland
     Reinsberg I, 97, 21.

Eine „Landpomeranze" ist mit etwas Wortwitz ein
317. Pommersches Fräulein.
     Körte 360, 32; Reinsberg I, 97, 24; Trenkler 115, 8.

Ähnlich der:
318. Pommersche Junker
     Reinsberg I, 97, 25.

In Preußen und auch sonst in Deutschland heißt es:
319. Grob wie ein Pommer.
     Kriegk 95, 21; Frischbier II, 69, 35.

Zum Schlusse eine rein gelegentliche sprichwörtliche Erwähnung:
320. Er sieht ein pommersches Storchnest für Salat an.

Kainis 14, 2.

Preußen.

A. Günstiges.

Das einzige Günstige, was ich über die Preußen habe finden können, ist die dort früher allgemein geübte Gastfreundschaft:
321. Wenn ein Fremder nur erst bis nach Preußen reicht, so ist er schon so gut als geborgen.

Frischbier I, 212, 28.

B. Ungünstiges.

1. Grobheit, Derbheit.

Will man in Baden sagen: „Werden Sie nur nicht grob", so heißt es:
322a. Werden Sie nur nicht preußisch.

Reinsberg I, 68, 8.

und in Ungarn in gleichem Sinne:
322b. Preußisch

Reinsberg II, 118, 22.

Daß das Sprichwort noch lebt, beweist das Folgende in ostpreußischer Mundart:
323. So een Berliner
 Ös wötzig, on de Schlesier froh,
 Gemöthlich merschdendeels de Sachser,
 De Ostpreuß grob wie Bohnestroh.

Regenhardt I, 385, 6.

2. Hochmut, Herrschsucht.

Ein bayrisches Sprichwort sagt, um einen Hochmütigen zu bezeichnen:
324. Er ist preußisch.

Reinsberg I, 64, 10.

Hochmut und Herrschsucht der Preußen spricht aus den zwei Sprichwörtern der Litauer:

325. Wenn der Preuße redet, hat der Gudde zu schweigen.

Reinsberg II, 61, 3; Frischbier I, 212, 25. ¯Guddas, m., ein Pole, Russe, meist als verächtliche Bezeichnung. Nesselmann 260 b, 6.j

und:

326. Er schnaubt, wie ein preußischer Soldat.

Reinsberg II, 60, 22.

3. Zorn.

Hier kann ich nur ein südfranzösisches Sprichwort anführen. Dort sagt man von einem Zornnickel:

327. Encoulèrit coumo un Prussien.

Gaidoz 323, 5.

Vielleicht hat auch 326 diesen Sinn.

4. Verrat, Treulosigkeit.

Die zwei Sprichwörter dieser Gruppe sind jetzt veraltet und haben nur mehr geschichtlichen Wert. Das erste scheint auf ein bestimmtes Ereignis anzuspielen und sich auf die alten slawischen Preußen zu beziehn. Denn bei Bebel heißt es im Jahre 1508:

Cum in Sarmatia essem, audivi esse proverbium inter Germanos, qui ibidem morabantur:

328a. Polonus fur est, Prutenus proditor domini, Boemus haereticus, Suevus loquax.

Bebel 159, 2.

Deutsch, zuerst bei „Weidner, J. L., Teutsche Sprüchwörter, in Gruterus, Pars III, p. 79" [den ich nicht eingesehen habe]:

328b. Der Pole ist ein Dieb, der Preuß ein Verräther, der Böhme ein Ketzer und der Schwab ein Schwätzer.

Simrock 376, 2; Reinsberg I, 16, 5.

In anderer Fassung:

328c. Schwab ein Schwätzer,
Böhm ein Ketzer,

Pol ein Dieb,
Preuß, der seinen Herrn verrieth.
Simrock 450, 14; Frischbier I, 211, 31. [Nur die letzte Zeile.]

Abgeschwächt:

328 d. Schwab' ein Schwätzer,
Böhm' ein Ketzer,
Pol' ein Dieb,
Preuß' ein Nimmerlieb.

Körte 405, 11; Reinsberg I, 16, 27; Alemannia I, 95, 15.

Das zweite Sprichwort ist bereits unter Nr. 137e aus dem Jahre 1724 mitgeteilt und, wie gesagt, jetzt ebenfalls veraltet.

5. Bosheit, Feindseligkeit.

Die Franzosen sagen von einem bösen Menschen:

329. Er ist schlimm wie ein Preuße,

Reinsberg I, 19, 5.

Und die Massuren:

330a. Jak swiat swiatem, polak nje bädzje prusakowi bratem.

Frischbier II, 215, 21.

Übersetzt:

330b. So lange die Welt als Welt besteht, wird der Pole mit dem Preußen kein Bruder.

Frischbier II, 215, 19.

6. Völlerei.

Von dieser sprechen nur die Franzosen, von denen überhaupt oft Prussien = Allemand gebraucht wird. So heißt dort die Syphilis «les prussiens», während wir dafür im Mittelalter „die Franzosen" sagten. In Paris ist „sich betrinken":

331. Faire une Prusse.

Gaidoz 324, 14.

C. Verschiedenes.

Die beiden folgenden plattdeutschen Sprichwörter waren schon im Jahre 1851 „zum Glück nun auch fast verschollen". Zum ersten vergleiche unter „Schwaben":

332a. De Preußen hebbet twei mâgen un kein harte:

Schambach 19, 19.

Hochdeutsch:

332b. Die Preußen haben zwei Magen und kein Herz;

Schambach 19, 20.

Sehr merkwürdig ist jetzt, nach 1866:

333a. De Preuße licket sau lange nân Hannöverschen lanne, bet 'ne de Flöänecken afehackt wërt:

Schambach 19, 21.

333b. Der Preuße leckt so lange nach dem Hannöverschen Lande, bis ihm die Finger abgehauen werden.

Schambach 19, 23.

Bloße sprichwörtliche Redensarten sind alle folgenden Sprichwörter. Jedenfalls veraltet ist:

334. Miseria in Borussia

Reinsberg I, 64, 4.

Für „seinen Hintern" sagt der Franzose, wahrscheinlich weil er ihn uns 1870 recht oft gezeigt:

335. Son Prussien.

Gaidoz 326, 25.

Alt sind die beiden folgenden:

336. Trente-un, jour sans pain, misère en Prusse.

Gaidoz 327, 26.

und:

337. Travailler pour le roi de Prusse.

Gaidoz 327, 19.

Beide sollen daher ihren Ursprung haben, daß zur Zeit Friedrich Wilhelms I. im preußischen Heere am 31. kein Sold ausbezahlt worden sei, man also dort an diesem Tage dem Könige umsonst dienen mußte. Deshalb soll «pour le roi de Prusse» den Sinn von «pour rien» bekommen haben. Vielleicht erklärt sich aus Nummer 336 auch Nummer 334.

Zum Schlusse drei deutsche Redensarten. „So rasch geht es nicht" heißt:

338. So geschwind schießen die Preußen nicht.

Hetzel 245, 24.

Ähnlich für „man wird schon ein Auge zudrücken":
339. So scharf schießen die Preußen nicht.

Hetzel 269, 15.

Recht abstoßend ist:
340. In Polen ist nichts zu holen, und in Preußen, da werden sie dir was sch —.

Frischbier I, 208, 29.

Rheinländer.

Günstiges über die Rheinländer habe ich im Sprichworte nicht finden können; aber auch nur das eine Ungünstige, daß sie gerne viel äßen und tränken. Noch dazu ist das erstere Sprichwort veraltet; ich habe es [aus dem Jahre 1609] schon in Nummer 239a gebracht.

Von 1541—1884 ist belegt:
341. Der Rhein tregt nit leer leut.

Franck I, Blatt 50b, 25; Simrock 598, 27; Trenkler 125, 15.

Deutlicher:
342. Rheinleute
Weinleute.

Simrock 598, 28.

Der Grund ist natürlich der gute Wein, vergl. Nummer 264!

Die Rheinländerinnen sollen sehr schöne Süße haben nach Nummer 253a—c.

Wohl nur scherzhaft ist zum Schlusse das Sprichwort aufzufassen, das behauptet, die Rheinländer hätten ihr Dasein nur dem vielen Suppenessen der Schwaben zu verdanken:
343. Suppten die Schwaben nicht so sehr,
Die Rheinleut wären längst nicht mehr.

Simrock 459, 19; Reinsberg I, 68, 14.

Sachsen.

Der Volksname „Sachsen" wird in mehrfachem Sinne gebraucht; sprechen wir von älteren Zeiten, so meinen wir damit den

Stamm, der im Namen „Angelsachsen" einen Teil bildet; heutzutage verstehn wir unter „Sachsen" meist die Bewohner des gleichnamigen Königreichs. Ich gebe die Sprichwörter promiscue und überlasse dem Leser die Ausdeutung, die meistens leicht ist.

A. Günstiges.

1. Fröhlichkeit, Munterkeit.

Jetzt veraltet ist:

344. In kurzem Rock
Springt der Sachse wie ein Bock.
Simrock 400, 22; Körte 379, 8; Reinsberg II, 125, 3.

2. Gemütlichkeit.

Die sächsische Gemütlichkeit ist noch heutzutage in aller Munde, vergl. Nummer 323.

B. Ungünstiges.

1. Dummheit.

Vollständig veraltet ist das Sprichwort aus einer französischen Handschrift des XIV. Jahrhunderts:

345. Stultitia Saxonum . . .

Canel I, 2, 21.

In Nummer 238 habe ich es ebenfalls gegeben; dort ist es aus einer englischen Handschrift des XIV. Jahrhunderts.

2. Unehrlichkeit, Verschlagenheit, Falschheit.

Von der Unbeständigkeit der Sachsen erzählt die gleiche Nummer 238.

Das folgende Sprichwort ist eine Abkürzung von Nummer 328 a–d, mit Hinzusatz der letzten Zeile:

346. Ein Böhm', ein Ketzer;
Ein Schwab', ein Schwätzer;
Ein Meißener, ein Gleißener.

Körte 55, 1.

Jedenfalls auch veraltet ist:
347. Trau', schau', wem!
Kein'm Sachs, kein'm Dän, kein'm Böhm.
Körte 450, 2.

3. Wildheit, Ungesittetheit.

Auch das nächste Sprichwort geht auf alte, jetzt längst überwundene Zeiten zurück:
348. Aspera gens Saxo vivens quasi more ferino,
Kriegk 107, 11.

Ihre Wildheit ist bereits in der Kudrun sprichwörtlich:
349. So wolde ich in niht mêre getrouwen, danne eime wilden Sahsen.
Kudrun 138, 29.

Mit den Franken zusammen ist ihre Wildheit bereits in einem andern Sprichwort aus der Kudrun unter „Franken" erwähnt worden.

4. Pöfferei.

Daß in bezug auf dieses Volkslaster die Sachsen keine Ausnahme machen, bezeugen die Nummern 229, 239a und 243. In Nummer 239a werden sie sogar namentlich hervorgehoben.

C. Verschiedenes.

Bei den Esthen bedeutet „sächsisch" soviel wie „deutsch" und damit „fremd, ausländisch"; vergleiche die Nummern 70, 192 und 217. Die Sachsen essen oder aßen gern Schinken und Speck, vergl. Nummer 229.

Die beiden folgenden Sprichwörter sind jetzt veraltet.
Auf das sehr harte alte Sachsenrecht bezieht sich:
350. Der Oesterreicher Ungnade ist besser, als der Sachsen Gnade.
Reinsberg I, 65, 31.

Die früheren Ordenszustände werden erläutert durch:
351. In Leipzig seind drei seltzam Ding, sprach der Fürst auß Sachßen; da haben wir drey Klöster, deren gleichen

kaum funden wirt. Die Klöster, die da predigerordens seindt, die verkauffen ein gantzes jar korn vnnd haben doch keyn acker. Die andern mönch das seind barfüßer obseruantzer, die vollbringen große baw und haben keyn gelt; die dritten Mönch, das seind Auguſtiner Canonici regulares, die tragen weiße hembder an vnd regieren alle pfarren zu Leipzig, machen viel Kinder vnd haben keyn frawen.

Kaim is 125, 2; Klosterspiegel 50, 24.

Schlesier.

Von dem Strohmute der Schlesier ist bereits in Nummer 323 die Rede. Nach einem Sprichwort aus der Grafschaft Ruppin gelten sie für äußerst hochmütig:

352. Der Schlesier sch.. ßt ein Loch höher, als er das ..... loch hat.

Zeitschrift II, 450, 12.

Schon um 1610 war sprichwörtlich für die Schlesier der Name 353a. Eselsfresser.

Beilage 1897, Nr. 35, 7, 12; Kriegk 99, 8; Reinsberg II, 127, 27; Schrader 79, 50.

Daß das Sprichwort noch gebraucht wird, beweist folgende Anführung aus A. Kopischs Schlafierlied mit der gelungenen Abfertigung der Spötter:

353b. Heeßt ins eener Aeselfraſſer, hoab a Gacht, Doß mer ſich aus ihm nich a Gerichtel macht!

Regenhardt II, 565, 17.

Den Ursprung der Neckbezeichnung festzustellen, wird unmöglich sein. Einige leiten sie davon her, daß es ein altes schlesisches Bergwerk gegeben habe mit dem Namen „der güldene Esel"; die adeligen Besitzer hätten dieses Bergwerk durch üppiges Leben gleichsam aufgefressen, und deswegen hießen alle Schlesier Eselsfresser. Andere führen die Benennung auf eine Spottgeschichte zurück, nach welcher die Schlesier einst so dumm gewesen seien, einen Esel als Hasen oder anderes Wildbret zu verspeisen.

Schwaben.

Nach den Deutschen als Gesamtvolk ist kein Stamm so stark in den Sprichwörtern vertreten als die Schwaben.

A. Günstiges.
1. Treue gegen Gott.

Ähnlich wie in Nummer 21b von den Deutschen heißt es von den Schwaben:

354. **Gott verläßt keinen Schwaben.**

Simrock 439, 9; Reinsberg I, 65, 30.

2. Tapferkeit, Wagemut.

Von der früheren Tapferkeit der Schwaben zeugen die alten Sprichwörter:

355. **Die Schwaben fechten dem Reiche vor.**

Simrock 439, 8; Reinsberg I, 67, 4.

und:

356. **Flieht, Schweizer, die Schwaben kommen!**

Simrock 439, 7; Reinsberg I, 67, 6; Alemannia I, 92, 25.

Ihren Wagemut bekunden die Schwaben durch ihre große Auswanderungslust. Schon im XIII. Jahrhundert sagt ein lateinischer Spruch:

357. Quando Suevus nascitur
    tunc in cribro ponitur,
    dicit ei mater
    simul atque pater [:]
    foramina quot cribro
    tot terras circumire
    hoc ordine sunt miro
    debes, sic vitam finire!

Alemannia I, 95, 21. [Zeile 6 und 7 sind natürlich umzustellen!]

Hieher gehört ferner:

358. Die Schwaben und bös Geld
führt der Teufel in alle Welt.
Kriegk 103, 26; Simrock 450, 1;
Reinsberg I, 65, 12; Alemannia I, 93, 35.

Ebenso:

359. Welches Land liefen die Schwaben nicht aus?
Simrock 458, 28; Körte 405, 25; Reinsberg I, 65, 11.

Derselbe Gedanke sehr wirkungsvoll in Form eines Geschichtchens:

360. Ist kein guter Gesell aus Hechingen (Bebingen) da?
frug der Schwab, als er in Rhodus (Afrika) ans Ufer
sprang.
Reinsberg I, 84, 13.

3. Pfiffigkeit.

Ein schwäbisches Sprichwort sagt:

361. Bevor jener Schwabe zur Beicht ging, bluite (prügelte)
er no sein Weib ab und dann sagte sie ihm seine Fehler.
Birlinger 75, 1.

B. Ungünstiges.

Mit ungünstigen Sprichwörtern hat der Volksmund die Schwaben
besonders reich bedacht. Das fühlten sie auch selbst und schufen zur
Verteidigung das Sprichwort:

362. Der Schwabe muß allzeit das Leberlein gegessen haben.
Simrock 290, 7; Körte 405, 24;
Reinsberg I, 65, 24; Trenkler 157, 1.

1. Dummheit, Schwatzhaftigkeit.

Wie von den Hessen, so heißt es auch von den Schwaben, und
zwar schon 1541:

363. Ein blinder Schwab
Franck II, Blatt 49 b, 9; Alemannia VII, 30, 26;
Liebrecht 21, 12 und 17.

Die Erklärung dieses sprichwörtlichen Ausdruckes ist dieselbe
wie bei Nummer 287.

Aus dem Jahre 1833 wird eine natürlich viel ältere Strophe angeführt, die in ihrer letzten Zeile auf ein Sprichwort über die Dummheit der Schwaben hinweist; näher besprechen werde ich sie unter „Verschiedenes":

354. Wann der Storch hört das qua qua qua,
Spaziert er auf dem Moos:
Hat sich das Fröschlein gern zunah,
Er geht darüber los;
Er zieht ihm über die Ohren
Die grünen Hosen ab:
Die Schlacht hat er verloren,
Der gut einfältig Schwab.

Wackernagel 51, 35; Alemannia I, 91, 35 und IX, 103, 29.

Aus einer Zeile eines Gedichts der zweiten Hälfte des XVIII. Jahrhunderts aus Bayern geht hervor, daß sogar der Name Schwab sprichwörtlich für „Dummer Mensch" gesetzt wurde, was für unser Jahrhundert Kriegk bezeugt:

355. Ach! heißt es oft, es ist ein Schwab.

Alemannia IX, 120, 56; Kriegk 88, 15.

Wie die beiden vorhergehenden, so erklären sich auch die folgenden Sprichwörter aus der Gemütlichkeit des Schwaben, die man ihm für Dummheit auslegte:

356 a. Die Schwaben werden vor dem vierzigsten Jahre nicht gescheidt.

Kriegk 107, 2; Simrock 438, 22; Körte 405, 22;
Reinsberg I, 63, 3; Treukler 156, 31.

Daher abgeleitet elsässisch von Nichtschwaben:

356 b. Er kummt ins Schwowenalter,

Schmidt 99 a, 25.

und allgemein deutsch:

356 c. Er hat noch nicht das Schwabenalter,

Hetzel 151, 31.

für „er kann schon noch vernünftig werden".

Veraltet ist jetzt das deutsche Sprichwort:

367. Ob man schon aus der Schweiz keinen Verstand mit sich bringe, oder ihn erst in Schwaben verliere, darüber sind die Gelehrten noch nicht einig.

Reinsberg I, 44, 22.

Die Schweizer selbst sagen:

368. Er macht's wie der Schwoob fim Chüeli wo-n er's am Morge ugfueteret uusgloh hät: i gib der nuiz, de host mer au nuiz gie.

Sutermeister 44, 4.

Auf gleicher Stufe der Weisheit mit den Schwaben sollen die Tyroler stehn:

369. Wann ein Tyroler und ein Schwabe beisammen sind, so ist der Dümmste — je Einer um den Andern.

Reinsberg I, 69, 24.

Begeht einer etwas Dummes, so nennt man dies einen:

370. Schwabenstreich.

Trenkler 157, 2; Hetzel 282, 17.

Uhland hat es durch sein Gedicht „Als Kaiser Rotbart lobesam" jedoch verstanden, diesem Sprichwort die Nebenbedeutung „derbe Heldenthat" beizulegen! —

Schon seit alter Zeit standen die Schwaben im Rufe des Vielredens; vergleiche die Nummern 328 a—d und 346; eine kürzere Form von 328 ist uns schon 1616 überliefert:

371. Ein böhmer ein Ketzer, ein Schwab ein schwetzer.

Henischius, Spalte 448, 36.

2. Grobheit.

Der Vorwurf der Grobheit wurde den Schwaben schon im Mittelalter gemacht; vergl. Nummer 240; desgleichen von den Bayern am Lechrain, vergl. Nummer 236. Seltsam wird ihre Grobheit begründet:

372. Warum säst du grobe Schwaben und nicht subtile? Das Erdreich trägts nicht.

Simrock 138, 26.

Will der Schweizer ausdrücken, daß jemand sich ohne Umstände an etwas macht, so sagt er:

373. Er lüt ie wie en Schwoob.

Sutermeister 70, 26.

3. Rachsucht.

Auch rachsüchtig soll der Schwabe sein:

374a. Ich will dirs vergessen, aber Jockeli, denk du daran, sagt der Schwabe.

Simrock 514, 25; Reinsberg I, 69, 3.

Schweizerisch:

374b. J will em verzieh, aber Joggeli dänk du dra, het de sab [= selbe, jener] Schwoob gseit.

Sutermeister 41, 9.

4. Falschheit.

Der Schwaben Falschheit drückt der erste Teil von Nummer 251 aus.

5. Unsittlichkeit.

Von der «libido Suevorum» hören wir bereits sprichwörtlich im XIV. Jahrhundert; vergl. Nummer 238. Die schwäbischen Nonnen standen im allerschlimmsten Rufe seit dem XVI. Jahrhundert; vergl. Nummer 137a, 137c—e.

Dasselbe besagt, ähnlich dem Sprichworte Casta, quam nemo rogavit:

375. In Schwaben ist die Nonne keusch, die noch nie ein Kind gewann.

Klosterspiegel 40, 12; Simrock 459, 21;
Reinsberg I, 69, 13; Alemannia I, 92, 45.

Weiteres der Art bietet Nummer 239a und 239b.

Hieher gehört zum Schlusse noch:

376a. Stirbt dem Schwaben die Braut (Frau) am Karfreitag, so heiratet er noch vor Ostern (wieder).

Simrock 438, 24; Körte 405, 18;
Reinsberg I, 69, 7; Treukler 156, 52.

In schweizerischer Mundart:

376b. Es goht em wie dem Schwoob wo-n em d'Frau am Charfrütig gstorbe-n ist: s' git wider en anderi, aber nit vor Ostere.

Sutermeister 45, 24.

6. Unreinlichkeit.

Unreinlichkeit bei den niederen Volksklassen gibt der Schwabe selbst zu:

377. Rouß was kein Zins geit, sagt der Schwabe und schneizt sich in die Hand.

Birlinger 54, 16.

Wird auch auf eine andere menschliche Thätigkeit angewendet.

7. Pöllerei.

Hievon sprechen die Nummern 229 und 243.

C. Verschiedenes.

Im Elsaß wird der Name „Schwaben" für die Deutschen insgesamt gebraucht, wie ja auch die Franzosen «Allemands», einen ursprünglichen schwäbischen Stammnamen, für die Deutschen verwenden. Hiezu vergl. Nummer 213a und 121. Ebenso in Ungarn; vergl. Nummer 213b. In der Bukowina ist „Schwab" ein Schimpfwort. [Urquell IV, 54, 11.]

Im Elsaß heißt die Musik umherziehender Musikanten:

378. Schwowemusik.

Schmidt 99a, 29.

Wie man jetzt wohl noch einen Esel ein „Roß Gottes" nennt, so nannte man ihn im Mittelalter:

379. Ein schwäbische Gale

Birlinger führt zur Erklärung folgende Stelle aus Sorers Tierbuch, Fol. 41a, an:

„In Teutschlanden an manchem Ort, als in Wirtemberg, Breyßgow, auch sunst hat es vil Esel zu allerley Saumgebrauch, als den Müllern, Weingärtnern und auch den Böttlern, die in

Schwaben auf den Alpen ire Kinder darauf umherfüren, das dann im schimpf ein schwäbische Gale genannt ist".

Alemannia I, 100, 8.

Auf welche geschichtliche Begebenheit das Folgende anspielt, kann ich nicht sagen:

380. **Es wird dir glücken**
Wie den Schwaben bei Lücken.

Simrock 175, 26 und 459, 10.

Aus der schwäbischen Mundart erklären sich die beiden nächsten Sprichwörter. Weil sie statt „riechen" ebenfalls „schmecken" sagen, so heißt es:

381. **Die Schwaben haben nur vier Sinne.**

Simrock 458, 21; Körte 405, 20;
Reinsberg I, 65, 1; Treukler 156, 34.

Ebenso, weil sie statt „Herz" „Magen" anwenden:

382. **Ein Schwabe hat kein Herz aber zwei Magen.**

Simrock 459, 5; Körte 405, 25; Reinsberg I, 65, 22.

Daß die Schwaben gern „Sträuble", jetzt Straubizen genannt, essen, haben wir in Nummer 229 vernommen. Ihr tägliches Leib=gericht aber ist die Suppe. Schmidt führt bereits aus Fischarts Gargantua 26a als sprichwörtlich an:

383. **Das schwäbische Suppenmal, da man drey Suppen auffeinander gibt.**

Schmidt 108a, 34.

Ißt ein Nichtschwabe gern Suppe, so ist er ein:

384. **Suppenschwab,**

Schmidt 108a, 32; Hetzel 307, 32.

Doch sagt der Schwabe selbst:

385. **D' Supp ist's best, sagt der Schwab, wenn sie aber zuletzt käme, äße Niemand mehr davon.**

Birlinger 46, 12.

Von dieser Liebhaberei hörten wir bereits in den Nummern 146, 244 und 343.

Ein Wortwitz mit Helle = Tag liegt vor im schwäbischen Sprichwort:

386. Heut ist mein Tag und anderer Leute Helle, sagt der Schwabe an seinem Namenstage.
Birlinger 47, 1.

„Wie du mir, so ich dir" kann auf schwäbisch heißen:

387. I rede vu ander Leit und ander Leit vu mir, seit de Schwoob.
Sutermeister 45, 25.

Von der schwäbischen Mundart, die man unschwer von jeder andern unterscheiden kann, war in Nummer 252 die Rede. Das Recht dazu, diese seine Mundart gebrauchen zu dürfen, nimmt der Schwabe in Anspruch mit:

388. Ein Schwabe wird doch schwäbeln dürfen!
Simrock 439, 25.

Wollte man früher [1541] „etwas ungleublich, sagen, Als Bachus trinckt keinen wein, dem sophisten mangeln wort, dem meer wasser", so sagte man:

389a. Die schwäbin ist ein stumm.
Franck II, Blatt 21b, 1.

Jetzt noch schweizerisch:

389b. D' Schwöbin ist stumm.
Sutermeister, 50, 7.

Birlinger führt eine sprichwörtliche Stelle aus Sischarts Gargantua Augsburg 1582 an, die zur Veranlassung wurde, die Schwaben „Nüsse" zu nennen; doch ist die Sache nicht ganz klar, wie man aus dem übernächsten Sprichwort ersieht:

390. Schwappelschwäble, die ein eyn Nuß vom Baum schwetzen.
Alemannia I, 95, 6.

391. Das ist eine böse Wallnuß, wenn ein Mönch am Nußbaum hängt, kein Schwabe äß einen Kern daraus.
Klosterspiegel 71, 17.

Wie dem auch sei, schon im XVI. Jahrhundert war „Nuß" sprichwörtlich für Schwabe, wie aus Nummer 241a ersichtlich ist. Aus Nummer 364 erhellt, daß man früher sagte:

392. Frosch
Alemannia I, 94, 17 und IX, 103.

für „Schwabe" und umgekehrt. Birlinger erklärt dies einerseits „wegen der im Mittelalter von den Schwaben getragenen engen gelben Hosen", andererseits auch „wegen des breiten Mundes und Redens" der Schwaben, wie denn Fischart in Gargantua, Kap. 37, redet: „von den froschgoschigen braiten Schwabenmäulern". [Alemannia I, 95, 10 und IX, 103, 39.]

Daher finden wir schon 1541 die sprichwörtliche Gleichung Frosch = Schwab:

393. Hie stehn wir helden, sagt der frosch zum schwaben.

       Franck II, Blatt 47b, 29; Simrock 459, 6; Reinsberg I, 67, 1.

Wegen der obenerwähnten engen, gelben hirschledernen Hosen heißen die Schwaben auch:

394. Gelbfüßler.

       Alemannia I, 94, 46.

Welches die schönsten Körperteile bei den Schwäbinnen sein sollen, erfahren wir aus Nummer 253 a—c.

Zum Schlusse zwei Sprichwörter über das Schwabenland.

In Schwaben herrscht viel Armut: „Drunten im Unterland, da sind d' Leut arm"; es heißt daher scherzend:

395. Schwaben ist ein gut Land: es wachsen viel Schlehen darin.

       Simrock 459, 3; Reinsberg I, 65, 14.

Deswegen bleibt der Schwabe in der Fremde:

395a. Schwabenland ist ein gut Land, ich will aber nicht wieder heim.

Mein Vater frißt das Fleisch und giebt mir die Bein.

       Simrock 458, 29.

Verkürzt:

395b. Schwabenland ist ein schön Land! sagt der Schwabe, aber heim mag ich nicht mehr.

       Reinsberg I, 65, 18.

Schwarzwälder.

Über diese kann ich nur zwei Sprichwörter anführen. Eines betont ihr Wandern ins Ausland, aus dem sie für ihre Waren gelöstes Geld zurückbringen:

397. Die Schwarzwälder
Bringen fremde Gelder.
Simrock 441, 9.

Das andere, schweizerische, behauptet, sie seien grob:

398. Er ist so grob wie .. en Schwarzwälder —
Sutermeister, 70, 5.

Thüringer.

Auf die Thüringer bezieht sich ein alter Spruchvers:

399. Halec assatum Thuringis est bene gratum,
De solo capite faciunt tibi fercula quinque.
Kriegk 96, 37.

Daher heißen sie im Volksmunde:

400. Häringe,
Kriegk 96, 29.

Zwei geographische Sprichwörter lauten:

401 a. Thüringen hat 8 W's, Wald, Wasser, Waizen, Waid, Wein, Weide, Wiese und Wolle;
Kriegk 117, 16.

Nach anderen nur 3:

401 b. Conciliare solent tria W nomenque decusque,
Weide, Wolle und Waizen, terra Thuringia, tibi.
Kriegk 117, 18.

Tiroler.

Die Tiroler stehn im Rufe der Dummheit; vergl. Nummer 369. Auf dieselbe Eigenschaft bezieht sich:

402. Wenn Andere Schimpf und Glimpf treiben mit den Tyrolern und Trumpf sagen, so sagen sie Strich.
Reinsberg I, 69, 27.

In Nummer 229 haben wir gehört, daß „Knödl und Nocken" ihr Leibgericht ist, sowie, daß sie gerne trinken, wie die Deutschen alle. Früher gab es in Italien ein Sprichwort, das jedoch seit Abzug der Östreicher aus Tirol verschwunden ist:

403. In Tirolo si semina fagioli e nascono sbirri

Briefliche Mitteilung 1898.

Es wird erklärt «c'est-à-dire les gens de police autrichienne qui étaient haïs par le peuple».

Westfalen.

Günstiges gibt es auch hier wenig zu berichten, und zwar nur von der Genügsamkeit der Westfalen:

404a. Wo ein Westfale verdirbt und eine Weide vergeht, da muß es dürr sein.

Simrock 550, 19; Reinsberg I, 70, 8.

404b. Wo ein Westfale verdirbt und 'ne Weide verfehrt,
Da muß sein ein gar schrager [= armseliger] Ort.

Körte 504, 40.

Daher läßt ihn der Ostfriese sagen:

405. Wat hebb wi'n Lüst had, sä de Feling, do harren se mit söven een Glas Beer had.

Kern 6, 29.

Ungünstiges hören wir dagegen von ihnen umsomehr; da wird ihnen in Nummer 239a gar Wortbruch vorgeworfen! Ebenso stark ist:

406. Westphalus est sine pi, sine pu, sine con, sine veri (d. h. pietate, pudore, conscientia, veritate).

Kriegk 104, 11.

Beide Sprichwörter sind aber jetzt veraltet, und heute haftet den Westfalen nur noch der Vorwurf der Dummheit und Grobheit an. Wegen dieser Eigenschaften sind sie verachtet; die Holländer sagen von ihnen:

407. Sie liegen nach ihrer Geburt drei Tage lang blind; sobald sie aber zu sehen anfangen, gucken sie durch ein eichenes Bret, wenn ein Loch darin ist.

Reinsberg I, 70, 31.

Zum „Blindgeborenwerden" vergleiche „blinde Hessen" und „blinde Schwaben"!

Verächtlich sagen auch die Ostfriesen von einem, den der Arzt „daranwagt":

408. He wagt hum [= ihn] daran, as de Brökfnider (Bruch= doctor, Wundarzt) de Feling.

Kern 6, 12.

In den ostfriesischen Sprichwörtern ist

409. Feling

gleich Dummkopf.

Mundarten VI, 287, 18; Kern 6, 31. Als Schimpfname ist es soviel wie Grobian. Mundarten VI, 287, 18; Tannen 88a, 12; Reinsberg I, 123, 11.

Nach Kern 6, 31 kommen nach Ostfriesland hauptsächlich west= fälische Strumpfhändler als Hausierer. Die Bedeutung „Schild= bürger" kommt in folgenden plattdeutschen, hauptsächlich ostfriesischen Sprichwörtern zum Ausdruck:

410. Ick kan kên drang um den hals liden, se de) de Feling. — do schull he uphangen werden.

Mundarten VI, 283, 26; Kern 6, 17; Schröder 23, 22.

411. Da 'sn raren Sand, sä de Feling, as he inn Klei kamm.

Tannen 20, 14; Kern 6, 20.

412. Dat was een sünder Steen, sä de Feling, do harr he 'n Snigge (Schnecke) daalslaken vör 'n Pluum.

Kern 6, 22.

413. Geerd, hebben de Pluumen ook Beenen, anners hebb ick — straf mi Gott — 'n Pogge [= Frosch] daalslaken, harr de Feling seggt.

Kern 6, 26; Schröder 23, 24.

414. Harr ik mi sülfst neet presen, denn weer ick ungepresen to'r Land utgahn, har de Feling seggt.

Kern 6, 24.

415. Amsterdamken, as ik di noch eenmal so quamm [= komme], sullt du neer völ behollen, sä de Feling, do harr he der 30 Gülden mit brocht.

Kern 1, 27.

416. Achternaë [= hintennach] êten sê Käse, sagen die Westfalen.
Kainis 106, 29.

Ist der Westfale einmal in der Fremde, so will er, wie der Schwabe, nicht wieder nachhause:

417. Wenn ein Westfälinger aus seinem Lande reist, scharrt
er den Weg hinter sich zu.
Körte 504, 42.

Denn seine Heimat ist ein armes Land nach folgenden drei Sprichwörtern:

418. Schlecht Regiment und lange Meil',
grob Brod, schlimm Bier und Schweinekeil
gibt's allenthalben in Westfalen.
Kriegk 106, 11; Simrock 550, 23; Reinsberg I, 70, 4.

419. Grob Brot, dünn Bier, lange Meilen:
Sunt in Westphalia: si non vis credere, lauf dar.
Simrock 550, 21; Reinsberg I, 70, 28.

420. In Westfalen geht man durchs Kamin ins Haus.
Simrock 550, 18; Reinsberg I, 69, 29.

Würtemberger.

Über die Würtemberger bringe ich nur ein Sprichwort, welches man wohl auch unter „Schwaben" hätte einreihn können, da es offenbar die schwäbische Mundart verspottet:

421. Die Würtemberger haben die Himmel im Stalle und
die Ingel im Hemmel.
Simrock 569, 6.

Quellenverzeichnis.

Aasen, Ivar, Norsk Ordbog med dansk Forklaring af — Christiania, P. T. Malling, 1873. 976 S.

Alemannia, Zeitschrift für Sprache, Kunst und Altertum bes. des alemannisch-schwäbischen Gebiets begr. von † Anton Birlinger fortgeführt von Fridrich Pfaff. Bonn, P. Hanstein. I, 1873. III, 1875. IV, 1877. VI, 1878. VII, 1879. VIII, 1880. IX, 1881. XXV, 1897.

'Αραβαντινος, Π., Παροιμιαστηριον ἡ συλλογη παροιμιων u. s. w. Τυπογραφειον Δωδωνης εν Ιωαννινοις, 1863. 183 S.

Archiv für das Studium der neueren Sprachen und Literaturen. Begründet von Ludwig Herrig. Herausgegeben von Alois Brandl und Adolf Tobler. Braunschweig, G. Westermann. I, 1846. XXIII, 1858.

Archivio per lo Studio delle Tradizioni Popolari Rivista Trimestrale Diretta da G. Pitrè e S. Salomone-Marino Torino-Palermo C. Clausen — I, 82. XII, 93. XIII, 94.

Ausland, Das. U. s. w. Stuttgart, J. G. Cotta. LVI, 1883.

Bebels, Heinrich — Proverbia Germanica — Bearbeitet von Dr. W. H. D. Suringar. — Leiden E. J. Brill 1879. 615 S.

Beilage zur Allgemeinen Zeitung. Verantw. Herausgeber Dr. Alfred Dove. Jahrgang 1897 und 1898.

Βενιζελος, Ι., Παροιμιαι δημωδεις συλλεγεισαι και ερμηνευθεισαι υπο — διηγοροῦ. 2. Aufl. Εν Ἑρμουπολει. Εκ του τυπογραφειου της «Πατριδος», 1867. 351 S.

Bezzenberger, Adalbert. Litauische Forschungen. U. s. w. Göttingen, R. Peppmüller, 1882. 215 S.

Birlinger, Dr. Anton. So sprechen die Schwaben. Berlin, S. Dümmler. 1868. 136 S.

Bladé, Jean-François, Contes et Proverbes populaires Recueillis en Armagnac par —. Paris, A. Franck, 1867. 92 S.

Bohn, Henry G., A Hand-book of Proverbs, u. s. w. By the late —. London, G. Bell & Sons, and New-York. 1893. 583 S.

Bolla, Bertolameus, Thesavrvs Proverbiorvm Italico-Bergamascorvm rarissimorvm, u. s. w. Stampatus in officina Bergamascorum. Francoforti, J. Saurius. MDCV. [139] S.

Borchardt, Wilhelm, Die sprichwörtlichen Redensarten im deutschen Volksmunde u. f. w. von —. Neubearbeitung von Gustav Wustmann. 4. Aufl. Leipzig: S. A. Brockhaus, 1894. 534 S.

Canel, A., Blason populaire de la Normandie u. s. w. 2 Tomes. Rouen, A. Lebrument, Caen, Le Gost-Clérisse. MDCCCLIX. 265 und 198 S.

Cnyrim, Eugen, Sprichwörter, sprichwörtliche Redensarten und Sentenzen bei den provenzalischen Lyrikern. Differtation. Marburg, R. Friedrich, 1887. 56 S.

Decourdemanche, J. — A., Mille et un Proverbes Turcs u. s. w. Paris, E. Leroux, 1878. 122 S.

Dirksen, Carl, Ostfriesische Sprichwörter und sprichwörtliche Redensarten u. f. w. 2 Hefte. Ruhrort. Andreae & Cie. 1889 und 1891. 102 und 95 S.

Dobrowskys, [J.], Slavin. Bothschaft aus Böhmen an alle Slawischen Völker u. f. w. 2. Aufl. Von Wenceslaw Hanka, u. f. w. Prag, von Mayregg, 1834. 496 S.

Egberts von Lüttich Fecunda Ratis. Zum ersten [?] Mal herausgegeben u. f. w. von Ernst Voigt. Halle a. S., M. Niemeyer, 1889. 273 S.

Erasmus over nederlandsche spreekwoorden en spreekwoordelijke uitdrukkingen van zijnen tijd, uit's mans Adagia opgezameld u. s. w. door Dr. W. H. D. Suringar, u. s. w. Utrecht, Kemink en Zoon. 1873. 596 S.

Forschungen, Romanische, Organ für romanische Sprachen und Mittellatein herausgegeben von Karl Vollmöller. III. Band. Erlangen A. Deichert 1887. 645 S.

Franck, Sebastian, Sprichwoerter, schoene, weise, herrliche Cluogreden, vnnd Hoffsprüch u. f. w. durch —en. Franckenfurt am Meyn, Bey Christian Egenolffen. 2 Teile. 1541. 163 und 211 Blätter.

Frischbier, H., Preußische Sprichwörter und volksthümliche Redensarten. U. f. w. I. 2. Aufl. Berlin, 1865. Th. Chr. Fr. Enslin. II. 1876. 322 und 264 S.

Gaidoz, H., et Paul Sébillot, La France Merveilleuse et Légendaire. [I.] Blason Populaire de la France par —. Paris, L. Cerf — 1884. 382 S.

Gegenwart, Die. Wochenschrift für Literatur, Kunst und öffentliches Leben. Herausgegeben von Theophil Zolling. 26. Jahrgang. 1897. Verlag der Gegenwart in Berlin W, 57.

Germania Vierteljahrsschrift für deutsche Alterthumskunde. Begründet von Franz Pfeiffer. Herausgegeben von Karl Bartsch. XVIII 1873. XIX 1874. Wien, C. Gerold's Sohn. 508 und 508 S.

Haller, Dr. Joseph, Altspanische Sprichwörter und sprichwörtliche Redensarten aus den Zeiten vor Cervantes, u. f. w., von —, u. f. w. II Teile. Regensburg. G. J. Manz, 1883. 652 und 304 S.

Haltrich, Josef, Zur Volkskunde der Siebenbürger Sachsen. Kleinere Schriften von —. In neuer Bearbeitung herausgegeben von J. Wolff. — Wien, 1885. K. Graeser. 535 S.

Hazlitt, W. Carew — English Proverbs and proverbial phrases u. s. w. 2. Edition London Reeves and Turner 1882. 532 S.

Henischius, Georgius, Teutsche Sprach und Weisheit. Thesaurus Linguae et Sapientiae Germanicae etc. Pars prima [einziger Teil!] studio — etc. Augustae Vindelicorum, Typis Davidis Franci. 1616. 1876 Spalten.

Hetzel, S., Wie der Deutsche spricht u. f. w. Leipzig S. W. Grunow 1896. 355 S.

Heufeler, J. A., Luthers Sprichwörter aus seinen Schriften gesammelt u. f. w. Leipzig 1824. J. A. Barth. 160 S.

Inschriften, Deutsche —, an Haus und Geräth. Zur epigrammatischen Volkspoesie. Berlin. W. Hertz. 1865. 82 S.

Kainis, Dr., Die Derbheiten im Reden des Volkes. Gesammelt von —. Leipzig. Literatur-Bureau. o. J. 156 S.

Keil, Robert und Richard, Die Deutschen Stammbücher des sechszehnten bis neunzehnten Jahrhunderts. U. s. w. von —. Berlin. G. Grote. 1893. 337 S.

Kern, W. G., und Willms, W. J., Ostfriesland wie es denkt und spricht. U. s. w. Norden, 1869. D. Soltau. 138 S.

Klosterspiegel in Sprichwörtern, Spitzreden Anekdoten und Kanzelstücken. — — Bern. Jenni, Sohn. 1841. 121 S.

Körte, Wilhelm, Die Sprichwörter und sprichwörtlichen Redensarten der Deutschen. U. s. w. 2. Aufl. Leipzig: S. A. Brockhaus. 1861. 579 S.

Kriegk, Dr. Georg Ludwig, Schriften zur allgemeinen Erdkunde. — Leipzig, W. Engelmann. 1840. 370 S.

Kudrun, Uebersetzung und Urtext, u. s. w. von Wilhelm von Ploennies. U. s. w. Leipzig: S. A. Brockhaus, 1853. 386 S.

Leroux, P. J., Dictionnaire Comique, Satirique, Critique, Burlesque, Libre et Proverbial. u. s. w. Nouv. édition, u. s. w. 2 Tomes. A Pampelune. MDCCLXXXVI. 612 und 606 S.

Liebrecht, Felix, Zur Volkskunde. Alte und neue Aufsätze von —. Heilbronn. Gebr. Henninger. 1879. 522 S.

Lincy, M. Le Roux de —, Le Livre des proverbes français u. s. w. 2. édition u. s. w. 2 Tomes. Paris A. Delahays — 1859. 409 und 619 S.

Mélusine Recueil de Mythologie Littérature Populaire, Traditions & Usages (Fondé par H. Gaidoz et E. Rolland, 1877—1887) Publié par H. Gaidoz. Tome II. — Paris Librairie E. Rolland. — 1884—1885. Tome IV 1888—1889. 584 und 582 Spalten.

Mésangère, M. de la —, Dictionnaire des Proverbes Français, u. s. w. 3. Édition. A Paris, Treuttel et Würtz. 1823. 756 S.

Mundarten, Die deutschen. Vierteljahrsschrift für Dichtung, Forschung und Kritik. Herausgegeben von Dr. G. Karl Frommann. VI. Jahrgang. Nördlingen. C. H. Beck. 1859. 580 S.

Nesselmann, G. H. S., Wörterbuch der Littauischen Sprache. — Königsberg. Gebr. Bornträger. 1851. 556 S.

Neuphilologisches Centralblatt. Organ der Vereine für neuere Sprachen in Deutschland. U. s. w. Herausgegeben von Dr. W. Kasten. VI. Jahrgang. Hannover C. Meyer. 1892. 384 S.

Padberg, Alexander von, Hausſprüche und Inſchriften in Deutſch=
land, in Öſterreich und in der Schweiz. Geſammelt von —.
Paderborn. S. Schöningh. 1895. 55 S.

[Passarini, Ludovico], Modi di dire proverbiali e motti popolari
italiani spiegati e commentati da Pico Luri di Vassano [Ana-
gramm!] Roma Tipografia Tiberina. — 1875. 632 S.

[Rathgeber], Elſäſſiſcher Sprichwörterſchatz u. ſ. w. von J. R. Al=
ſaticus. Straßburg. C. S. Schmidt, 1883. 63 S.

Regenhardt, C., Die deutſchen Mundarten u. ſ. w. I Nieder=
deutſch — II Mitteldeutſch. Berlin C. Regenhardt o. J. 1895
und 1896.] 401 (413) und 409 S.

Reinsberg=Düringsfeld, O. Freiherr von, Internationale Titula=
turen. 2 Bände. Leipzig, H. Fries. 1863. 166 und 150 S.

Revue de linguistique et de philologie comparée recueil tri-
mestriel publié par Girard de Rialle u. s. w. et Julien Vinson u. s. w.
Tome XVII. Paris Maisonneuve Frères & Ch. Leclerc — 1884.
390 S.

Revue des Langues Romanes publiée par la société pour l'étude
des langues romanes — U. s. w. Tomes XVIII,XIX et XX. Mont-
pellier, Paris Maisonneuve & Cie — MDCCCLXXX et
MDCCCLXXXI. 312, 312 und 312 S.

Schambach, Georg, Die plattdeutſchen Sprichwörter der Fürſten=
thümer Göttingen und Grubenhagen, u. ſ. w. Göttingen Vanden=
hoeck & Ruprecht. 1851. 92 S.

Schmidt, Charles [!], Wörterbuch der Straßburger Mundart. Aus
dem Nachlaſſe von — (1812—1895). Mit einem Porträt des
Verfaſſers u. ſ. w. Straßburg J. H. Ed. Heitz 1896. 124 S.

Schönwerth, Fr. X. von, Sprichwörter des Volkes der Oberpfalz
in der Mundart. [In: Verhandlungen des hiſtoriſchen Vereins
von Oberpfalz und Regensburg. XXIX. Band. Stadtamthof.
1874. J. Mayr. S. 1—86.]

Schrader, Dr. Herman, Der Bilderſchmuck der deutſchen Sprache
in Tauſenden volksthümlicher Redensarten. u. ſ. w. 5. Aufl.
Weimar. 1896. E. Selber 543 S.

Schröder, Willem, De plattdüdſche Sprüchwörder=Schatz, u. ſ. w.
— Leipzig, Ph. Reclam jun. o. J. 70 S.

Simrock, Karl, Die deutschen Volksbücher Gesammelt und in ihrer urspruenglichen Echtheit wiederhergestellt von —. V. Band. Frankfurt a. M. H. C. Brönner. 1846. Deutsche Sprichwörter. 591 S.

Spieß, Balthasar, Volksthümliches aus dem Fränkisch-Hennebergischen. U. f. w. Wien, 1869. W. Braumüller, 216 S.

Sprichwoerter, Schoene, Weise Klueg reden u. f. w. Getruckt zue Franckfort am Meyn, bei Christian Egenolffs Erben, im Jar 1560. 390 Blätter.

Sutermeister, Otto, Die schweizerischen Sprichwörter der Gegenwart in ausgewählter Sammlung von —. Aarau. J. J. Christen. 1869. 152 S.

Tannen, Karl, Niederdeutsche Sprichwörter und Redensarten u. f. w. von Karl Eichwald [Schriftstellername]. 2. Ausg. Leipzig, 1863. Rein. 92 S.

Toselli, Gion-Battista, Recuei de 3,176 Prouverbi, Sentensa, Massima, Conseu Parabola, Buoi-Mot, Precet & Diç Nissart dou Civalié — u. s. w. Nissa, S. Cauvin-Empereur, — 1878. 232 S.

Trenkler, Robert, 6275 deutsche Sprüchwörter und Redensarten. München. A. Medler. O. J. 1884. 211 S.

Urquell, Am. Monatsschrift für Volkskunde. — Herausgegeben von Friedrich S. Krauß. — D. Soltau in Norden. II, 1891. III, 1892. IV, 1893. — Der Urquell. Der neuen Folge Band II. E. J. Brill Leiden 1898. G. Kramer Hamburg 1898. Heft 1 und 2. 212, 346, 284 und 50 S.

Wackernagel, Prof. Dr. Wilhelm, Voces Variae Animantium. Programm für die Rectoratsfeier der Universitaet von —. Basel MDCCCLXVII. C. Schultze. 54 S.

Wick, W., Geographische Ortsnamen, Beinamen und Sprichwörter. [I.] 1896. G. Sock. Leipzig, 174 S.

Wilwolts von Schaumburg, Die Geschichten und Taten —, herausgegeben durch Adelbert von Keller. Stuttgart. 1859. Bibl. d. litter. Vereins. 208 S.

Witz, Altdeutscher, und Verstand. Reime und Sprüche aus dem sechszehnten und siebenzehnten Jahrhunderte. U. f. w. 3. Aufl. — Bielefeld und Leipzig. Velhagen & Klasing. 1877. 218 S.

Wright, Thomas u. s. w., and James Orchard Halliwell, u. s. w. Reliquiae Antiquae. U. s. w. Vol. I. London: W. Pickering, A. Asher, Berlin. — 1841. 327 S.

Zeitschrift des Vereins für Volkskunde. Neue Folge der Zeitschrift für Völkerpsychologie und Sprachwissenschaft, u. s. w. Im Auftrage des Vereins herausgegeben von Karl Weinhold. II. Jahrgang. 1892. Berlin. A. Asher & Co. 473 S.

Zeitschrift für französische Sprache und Litteratur u. s. w. Herausgegeben von Dr. D. Behrens, Professor an der Universität zu Gießen. Band XV. Erste Hälfte: Abhandlungen. — Berlin. W. Gronau. 1893. 286 S.